Bibliografische Information der Deutschen Nationalbibliothek:

Die Deutsche Bibliothek verzeichnet diese Publikation in der Deutschen National-
bibliografie; detaillierte bibliografische Daten sind im Internet über http://dnb.d-
nb.de/ abrufbar.

Impressum:

Copyright © 2018 GRIN Verlag
Druck und Bindung: Books on Demand GmbH, Norderstedt Germany
ISBN: 9783668804593

Dieses Buch bei GRIN:

https://www.grin.com/document/438655

Robert Mickel

Machbarkeitsstudie zur Verwendung von Smart Contracts zur Realisierung komplexer Versicherungsprodukte

GRIN Verlag

Machbarkeitsstudie zur Verwendung von Smart Contracts zur Realisierung komplexer Versicherungsprodukte

Masterthesis im Studiengang
Wirtschaftsingenieurwesen (M.Sc.)

an der NORDAKADEMIE gemeinnützige AG,
private Hochschule der Wirtschaft,
in 25337 Elmshorn,

vorgelegt von

B.Sc. Robert Jost Mickel

NORDAKADEMIE GRADUATE SCHOOL

Zusammenfassung

Masterthesis

Machbarkeitsstudie zur Verwendung von Smart Contracts zur Realisierung komplexer Versicherungsprodukte

von Robert Jost MICKEL

Smart Contracts bieten als Teil der Blockchain-Technologie die Möglichkeit, Verträge automatisch zu erfüllen und durchzusetzen. Dies ist für Versicherungsanwendungen relevant, da sich hieraus möglicherweise Kostensenkungspotentiale und Geschwindigkeitsgewinne in der Vertragsbearbeitung ergeben. Die vorliegende Arbeit beschäftigt sich mit der Fragestellung, welche Anforderungen Blockchain-basierte Smart Contracts erfüllen müssen, um für komplexe Sachversicherungen geeignet zu sein und ob diese Anforderungen durch die derzeit bestehenden Blockchain-Technologien erfüllt werden. Der erste Teil der Forschungsfrage wird durch die Erstellung eines Anforderungskataloges auf Grundlage einer SWOT-Analyse von Smart Contracts beantwortet. Zur Beantwortung des zweiten Teils wird ein Versicherungsprodukt entwickelt, das versucht, die aus der SWOT-Analyse abgeleiteten Anforderungen umzusetzen.

Das vorgestellte Produkt ist nicht vollkommen dezentral aufgebaut. Dies ist darin begründet, dass ein komplett dezentrales Konzept mit rechtlichen Unsicherheiten verbunden wäre, die aus der automatischen Durchsetzung der Verträge resultieren. Außerdem kann eine dezentrale Regulierung komplexer Schäden mit der aktuellen Blockchain-Technologie noch nicht umgesetzt werden. Die formalrechtlichen Anforderungen an ein Versicherungsprodukt werden jedoch durch das entwickelte Konzept erfüllt. Diese Arbeit kommt deshalb zu dem Ergebnis, dass Smart Contracts gegenwärtig die Voraussetzungen für die Nutzung für komplexe Sachversicherungen nur teilweise erfüllen. Ein Produkt, das die bestehenden Einschränkungen berücksichtigt, kann für Versicherungsunternehmen aber dennoch einen Mehrwert bieten.

Inhaltsverzeichnis

Abbildungsverzeichnis

Tabellenverzeichnis

Akronyme

BaFin	Bundesanstalt für Finanzdienstleistungsaufsicht
BFT	Byzantine Fault Tolerant
BGP	Byzantine Generals Problem
EOA	Externally Owned Account
EVM	Ethereum Virtual Machine
DAO	Decentralized Autonomous Oganization
Dapp	Decentralized Application
DLT	Distributed Ledger Technology
PoW	Proof of Work
TTP	Trusted Third Party

Kapitel 1

Einleitung

1.1 Einleitung

Der Begriff Blockchain wird derzeit vor allem im Zusammenhang mit Kryptowährungen wie Bitcoin häufig genannt und ist Gegenstand der öffentlichen und wissenschaftlichen Debatte. Neben virtuellen Währungen bietet die Blockchain mit Smart Contracts eine weitere Innovation, die weniger im Fokus der Öffentlichkeit steht. Smart Contracts bestehen im Unterschied zu herkömmlichen Verträgen aus Programmen, die bestimmte vertraglich vereinbarte Handlungen selbstständig ausführen können, wenn die dafür vorgegebenen Voraussetzungen erfüllt werden. Diese Funktion stellt einen wesentlichen Kern der Blockchain-Technologie dar, der primär für die Finanzindustrie von Interesse ist[1], in abgewandelter Form bzw. in Teilen der Wertschöpfungskette jedoch auch in der Versicherungsindustrie angewendet werden kann.

Die erhofften Vorteile durch den Einsatz von Smart Contracts gegenüber der herkömmlichen Vertragsgestaltung liegen dabei aus Sicht der Versicherer in einer vollständig digitalen und automatisierten Abwicklung von Versicherungsverträgen und dem daraus resultierenden Kostensenkungspotential. Des Weiteren ermöglicht eine voll digitale Regulierung von Schadenfällen Geschwindigkeitsvorteile in der Abwicklung, die zu höherer Kundenzufriedenheit führen. Außerdem lassen sich durch geringere Verwaltungskosten möglicherweise Marktsegmente erschließen, die vorher aufgrund verhältnismäßig hoher Kosten nicht rentabel waren (vgl. Mussenbrock, 2017a).

---

[1]Vgl. Ripple Blockchain: https://ripple.com/

1

Die Kostenreduzierung und die Erhöhung der Kundenzufriedenheit bilden die derzeit wichtigsten Themen der Versicherungsbranche; die Digitalisierung wird dabei als ein wesentliches Werkzeug angesehen (vgl. Eling und Lehmann, 2017, S. 6). Daher ist das Thema Smart Contracts beziehungsweise die Frage nach deren Eignung als Werkzeug für die Versicherungsbranche äußerst relevant.

Bei den bestehenden Versicherungsprodukten auf Basis von Blockchain-Technologien handelt es sich ausschließlich um parametrische Versicherungen, in denen die Schadenregulierung vollständig auf Parametern wie Wetterdaten oder Flugverspätungen basiert, die frei verfügbar sind und auf die der Versicherungsnehmer keinen Einfluss hat. Die vorliegende Arbeit hat daher das Ziel zu bewerten, ob auch eine klassische Sachversicherung über die Blockchain-Technologie realisierbar ist. In den folgenden Abschnitten wird erläutert, wie sich die vorliegende Arbeit mit dieser Fragestellung auseinandersetzen wird.

1.1.1 Eingrenzung des Untersuchungsgebiets

Die vorliegende Arbeit untersucht die Nutzbarkeit von Smart Contracts ausschließlich für Versicherungsanwendungen. Dabei wird das Untersuchungsgebiet noch weiter eingegrenzt auf private und gewerbliche Sachversicherungen, da Lebens- und Krankenversicherungen jeweils eigene, komplexe Märkte mit anderen Anforderungen darstellen. Die Bewertung der rechtlichen Anforderungen sowie die Betrachtung des Wettbewerbes erfolgen anhand des deutschen Versicherungsmarktes.

Zur Realisierung des eigenen Konzeptes werden aus praktischen Gründen ausschließlich Blockchains in Betracht gezogen, zu denen Informationen frei verfügbar sind. Die Untersuchung der Blockchain-Technologie erfolgt anhand des derzeitigen Standes der jeweiligen Technologie.[2] Der Anforderungskatalog an Smart Contracts soll möglichst umfassend sein, um ein vollständiges Bild über die Nutzbarkeit von Smart Contracts für Versicherungsanwendungen zu geben. Deshalb werden darin technische, wirtschaftliche, versicherungstechnische und rechtliche Aspekte sowie die IT-Sicherheit betrachtet.

Der wesentliche Unterschied von klassischen Sachversicherungen gegenüber den bereits existierenden parametrischen Versicherungen auf Basis von Smart Contracts liegt in der Komplexität

---

[2]Mit Stand 24.03.2018 sind dies die folgenden Versionsnummern:
Hyperledger Fabric: Version 1.1.0
Ethereum: Byzantinum Update
Solidity: Version 0.4.21

der Schadenregulierung. Die Frage, inwiefern diese erhöhte Komplexität durch Smart Contracts beherrscht werden kann, ist deshalb ein zentraler Punkt bei der Entwicklung eines Versicherungskonzeptes auf der Basis von Smart Contracts. Die Bewertung des entwickelten Konzeptes erfolgt anhand des zuvor entwickelten Anforderungskataloges. Dabei werden vor allem qualitative Merkmale betrachtet.

1.1.2 Forschungsfrage

Innerhalb des zuvor eingegrenzten Untersuchungsgebietes hat diese Arbeit das Ziel, die folgende Forschungsfrage zu beantworten, die in zwei Teile gegliedert ist:

- Welche Anforderungen müssen Blockchain-basierte Smart Contracts erfüllen, damit sie für komplexe Sachversicherungen genutzt werden können?

- Werden diese Anforderungen durch die derzeit bestehenden Blockchain-Technologien erfüllt?

Der erste Teil der Forschungsfrage wird durch einen Anforderungskatalog beantwortet, der in den folgenden Kapiteln entwickelt wird. Im Anschluss daran wird ein konkretes Konzept entwickelt für eine Sachversicherung auf Basis von Smart Contracts. Die darauf folgende Untersuchung dieses Konzeptes anhand der zuvor definierten Anforderungen liefert die Antwort auf den zweiten Teil der Forschungsfrage.

1.1.3 Vorgehensweise

Die Fachliteratur zu den behandelten Themengebieten bildet die Grundlage für diese Arbeit. Diese enthält vor allem in den technischen Themenfeldern Blockchain und Smart Contracts neben publizierten Artikeln und Büchern auch graue Literatur in Form von Whitepapers und technischer Dokumentation.

Der Anforderungskatalog wird anhand einer SWOT-Analyse entwickelt. Dabei handelt es sich um ein etabliertes Werkzeug des strategischen Managements, das auch außerhalb eines Unternehmenskontexts eingesetzt werden kann, um Strategien aus internen und externen Faktoren abzuleiten. Dazu werden zunächst die Grundlagen der Blockchain-Technologie beschrieben, sowie die Blockchains Ethereum und Hyperledger dargestellt, die mit einem Fokus auf Smart

Meilenstein	Geplante Bearbeitungsdauer
Literaturrecherche und Entwicklung Konzept	2 Monate
Einleitung, Grundlagen Blockchain und Smart Contracts	2 Wochen
Anforderungskatalog	1 Monat
Entwurf Versicherungskonzept	1 Monat
Diskussion	1 Woche
Fazit, Korrektur, Druck	1 Woche

TABELLE 1.1: Meilensteine bei der Erstellung dieser Masterarbeit

Contracts entwickelt wurden und die die technische Grundlage für die aktuellen Versicherungs-produkte auf Basis der Blockchain-Technologie bilden (vgl. Eling und Lehmann, 2017, S. 6). Einige dieser Produkte werden im Anschluss ebenfalls vorgestellt.

Auf Grundlage der Erkenntnisse aus der SWOT-Analyse wird ein eigenes Produktkonzept für eine Sachversicherung auf Basis von Smart Contracts entwickelt. Einer der zentralen Punkte ist dabei die Regulierung komplexer Schäden durch Smart Contracts. Der Begriff komplexe Schäden bezeichnet dabei diejenigen Schäden, die nicht durch einzelne Parameter dargestellt werden können. Für die Erstellung des Versicherungskonzeptes auf Basis von Smart Contracts werden die bestehenden parametrischen Versicherungen, die diese Technologie bereits nutzen, als Grundlage verwendet. Das entwickelte Konzept wird im Anschluss anhand der Kriterien des Anforderungskataloges bewertet.

Die allgemeine Vorgehensweise bei der Erstellung der Arbeit besteht darin, die Kapitel ent-sprechend ihrer Gliederung zu erstellen, da diese inhaltlich aufeinander aufbauen. Während des Bearbeitungszeitraumes von fünf Monaten wird dabei der in Tabelle 1.1 dargestellte Plan ver-folgt.

Kapitel 2

Grundlagen Blockchain und Smart Contracts

2.1 Literatur

Eine Auswertung der Plattformen Springer Link, des Gemeinsamen Verbundkataloges GKV (ohne Online-Contents), EBSCO host und ACM zu den relevantesten Schlagworten für die vorliegende Masterarbeit liefert die in Tabelle 2.1 dargestellten Ergebnisse. Die mit Stern(*) markierten neuen Ergebnisse beinhalten Quellen, die im Jahr 2016 oder später veröffentlicht wurden. Viele der wissenschaftlichen Publikationen zum Thema Blockchain widmen sich den Themen Sicherheit (Luu u. a., 2016), Performance der Blockchains sowie Privacy (Ben-Sasson

Suchbegriff / Ergebnisse	Springer	Davon neu*	GKV	Davon neu*	EBSCO host	Davon neu*	ACM	Davon neu*
Smart Contract(s)	210	186	21	9	158	145	51	39
Smart Contract(s) Insurance	55	47	0	0	64	62	1	1
Blockchain	585	520	137	125	2738	2382	138	132
Blockchain Insurance	105	101	1	1	126	122	1	1
Cryptocurrency	235	182	39	17	816	424	69	58

TABELLE 2.1: Themenbezogene Schlagworte auf den Plattformen Springer Link, GKV, EBSCO host und ACM

u. a., 2013). Quellen zum Thema Smart Contracts sind deutlich weniger zahlreich und der Such-begriff „Smart Contracts" liefert noch eine geringere Anzahl von Ergebnissen. Daher wurde die vorliegende Arbeit auch auf Grundlage von grauen Quellen erstellt. Dies liegt zum einen an der beschriebenen geringen Anzahl wissenschaftlicher Quellen, zum anderen aber auch daran, dass die Entwicklung der Blockchain-Technologie (Im Folgenden auch bezeichnet als DLT = Distri-buted Ledger Technology) derzeit maßgeblich durch die Wirtschaft vorangetrieben wird. Inso-weit verschwimmen die Grenzen zwischen Wissenschaft und Wirtschaft, beispielsweise durch Whitepaper für Kryptowährungen wie Bitcoin oder Ethereum, die zunächst als Konzept erdacht werden und später zu eigenen Wirtschaftsbereichen mit erheblicher finanzieller Schlagkraft heranwachsen. Eling und Lehmann (2017) kommen in ihrer Literaturstudie zu dem Ergebnis, dass zum Thema Digitalisierung der Versicherungsbranche und damit zur Nutzung der DLT für Versicherungsanwendungen bislang kaum wissenschaftliche Publikation veröffentlicht wurden, gleichzeitig wird dieser Bereich als praxisrelevant hervorgehoben.

2.2 Smart Contracts

Der Begriff Smart Contract wurde 1994 von Nick Szabo im gleichnamigen Artikel geprägt. Dar-in beschreibt er einen Smart Contract als computerbasiertes Transaktionsprotokoll, das den In-halt eines Vertrages ausführt. Der Smart Contract soll in dieser Hinsicht alle relevanten Vertrags-bestandteile enthalten und automatisch umsetzen. Unvorhergesehenes Verhalten durch techni-sche Fehler muss dazu ausgeschlossen werden. Durch die automatische Umsetzung haben die Vertragsparteien keine Möglichkeit, den Vertrag durch betrügerische Handlungen zu missach-ten. Außerdem verringert sich der Bedarf nach vertrauenswürdigen Dritten (Trusted Third Par-ties, TTP), die zwischen den Vertragsparteien vermitteln (vgl. Szabo, 1994). Diese Definition entspricht relativ genau Transaktionen von Kryptowährungen, die im folgenden Abschnitt be-schrieben werden und von Szabo als mögliches Einsatzgebiet von Smart Contracts identifiziert wurden.

Eine weitere relevante Definition lieferte Grigg 2004 mit dem Begriff „Ricardian Contracts", die Smart Contracts ähneln, da sie ebenfalls von Computer ausgeführt werden können. Im Ge-gensatz zu Smart Contracts ist deren Ansatz allerdings nicht, mittels Programmen Vertragsbe-standteile abzubilden, sondern klassische Verträge für Maschinen les- und umsetzbar zu machen (vgl. Szabo, 1994).

In der aktuellen Literatur wird jedoch oftmals nicht unterschieden, ob die beschriebenen Smart Contracts eher den Ansatz von Szabo oder jenen von Grigg verfolgen. Auch wenn sich beide Arten von Smart Contracts auf den ersten Blick ähneln, bieten sie unterschiedliche Herausforderungen bei der Durchsetzung. Szabos Smart Contracts müssen möglichst fehlerfrei funktionieren, da sie bewusst so gestaltet sind, dass eine nachträgliche Änderung des Vertragsinhaltes sehr aufwendig oder gar unmöglich ist. Sie basieren auf dem „Code is Law"-Prinzip und werden gemäß ihres Codes durchgesetzt, ungeachtet dessen, wie dieser im Verhältnis zu den geltenden Gesetzen steht oder wie er von den Vertragspartnern interpretiert wird. Die Verbindlichkeit des Vertrages basiert hierbei auf der korrekten Funktionsweise und Sicherheit des Codes. Dieser Ansatz wird als nicht-traditionelle Durchsetzung bezeichnet.

Demgegenüber stehen Ricardian Contracts, die zwar auch eine automatische Durchsetzung enthalten können, diese aber nicht als alleiniges Durchsetzungsmittel besitzen. Da es sich bei ihnen um klassische Verträge in digitaler Form handelt, besteht die Möglichkeit der traditionellen Durchsetzung von Ansprüchen beispielsweise vor Gericht. Die Verbindlichkeit des Vertrages basiert damit auf der Auslegung durch die Vertragsparteien und - im Falle von Konflikten - des zuständigen Gerichts (vgl. Clack u. a., 2016b, S. 4). Um diese unterschiedlichen Herangehensweisen mit einer eindeutigen Beschreibung gerecht zu werden, definiert Clack Smart Contracts wie folgt:

„Ein Smart Contract ist ein automatisierbarer und durchsetzbarer Vertrag. " (Clack u. a., 2016b, S. 2)

Automatisierbarkeit setzt dabei keine vollständig autonome Bearbeitung durch Computer voraus sondern räumt ein, dass Teile des Vertrages durch Menschen geregelt werden. Die Durchsetzbarkeit kann entweder durch traditionelle oder durch nicht-traditionelle Maßnahmen erreicht werden. Beginnend mit der Entstehungsgeschichte der Blockchain-Technologie wird die vorliegende Arbeit im Folgenden Clacks Definition für Smart Contracts verwenden.

2.3 Blockchain

2.3.1 Entstehungsgeschichte

Da die Entwicklung der DLT eng an die Entwicklung des Bitcoin geknöpft ist, wird im Folgenden ein kurzer Überblick über die Entwicklung von Bitcoin gegeben.

Finanztransaktionen im Internet waren vor der Einführung von Kryptowährungen auf TTPs in Form von Banken, Zahlungsdienstleistern und anderen angewiesen. Die Inanspruchnahme der Dienstleistungen der TTP erhöht die Transaktionskosten. Außerdem führt auch das Trust-Based Modell selbst zu Transaktionskosten, da sowohl Käufer als auch Verkäufer im Trust-Based Modell keine hundertprozentige Sicherheit haben, die Bezahlung bzw. Waren auch wirklich zu erhalten, beispielsweise aufgrund von Betrug durch die andere Partei. Daraus resultieren weitere Transaktionskosten, sowohl in direkter Form durch notwendige Verifikation von Kunden, als auch indirekt, da die TTPs im Falle von Konflikten in der Regel eingreifen müssen, was wiederum die Kosten für deren Dienstleistungen erhöht.

Kryptowährungen schlagen eine Lösung für dieses Problem vor, indem Transaktionen nicht durch TTPs sondern durch Kryptographie abgesichert werden. So gesicherte, praktisch irreversible Transaktionen führen dazu, dass sich der Verkäufer sicher sein kann, dass er die vereinbarte Bezahlung erhält. Durch ergänzende treuhänderische Funktionen, realisiert durch Smart Contracts, kann auch der Käufer geschützt werden.

Im Ergebnis werden keine TTPs mehr benötigt und die Transaktionskosten reduziert. Durch den Wegfall der Notwendigkeit von Vertrauen zwischen den Vertragspartnern reduzieren sich die Transaktionskosten außerdem noch weiter. Kunden hätten dann weniger Anreiz, Händler mit guter Reputation günstigeren, unbekannten Händlern vorzuziehen, da keine Verifizierung der Vertragspartner mehr stattfinden muss. Letztlich wäre so völlige Anonymität zwischen den Vertragspartnern möglich (vgl. Nakamoto, 2008).

Ende der 1990er Jahre entstanden bereits Konzepte für digitale Währungen auf Basis von asymmetrischen bzw. Public-Key-Verschlüsselungsverfahren, die jedoch nicht in die Praxis umgesetzt werden konnten.[1] Ursache hierfür waren zum einen Schwierigkeiten bei der technischen Umsetzung dieser dezentralen Systeme im Allgemeinen, aber auch das sogenannte Double-Spending-Problem, bei dem sichergestellt werden muss, dass Transaktionen ein und derselben Werte nicht durch Fehler oder böswillige Teilnehmer mehrfach mit unterschiedlichen Empfängern durchgeführt werden.[2]

---

[1] Vgl. auch (Szabo, 1997), (Dai, 1998)

[2] Das Byzantine Generals Problem (BGP) veranschaulicht das Problem, in einem unsicheren Netzwerk mit nicht vertrauenswürdigen Teilnehmen kommunizieren und einen Konsens über den korrekten Zustand des Systems erzielen zu müssen. Die Generäle des Beispiels müssen einen Angriff koordinieren, wissen aber weder, ob ihre Nachrichten ankommen, noch können sie ausschließen, dass sich unter den Generälen Verräter befinden, die falsche Informationen verbreiten. Das Problem wurde im Zusammenhang mit Computernetzwerken unter anderem von Lamport u. a. (1982) beschrieben. Algorithmen zur Lösung des BGP sind fortlaufend Gegenstand der Forschung.

Im Zusammenhang mit DLTs bedeutet dies, dass die Blockchain über einen Konsensmechanismus verfügen muss, der Double-Spending verhindert und einen Konsens aller Teilnehmer über den korrekten Zustand des Netzwerks gewährleistet. Im Folgenden werden einige der wesentlichen Merkmale der Blockchain-Technologie anhand der Bitcoin-Blockchain erläutert, da diese viele folgende Blockchains maßgeblich beeinflusst hat. Im Anschluss daran werden die Blockchains Ethereum und Hyperledger vorgestellt, da diese mit dem ausdrücklichen Ziel entwickelt wurden, eine Plattform für Smart Contracts zu bieten.

2.3.2 Bitcoin

2.3.2.1 Grundlagen

Nakamoto (2008) konnte das Double-Spending-Problem lösen, indem jeweils die erste Transaktion eines jeweiligen Coins als die korrekte Transaktion definiert und mit einem Timestamp versehen allen Teilnehmern des Netzwerkes mitgeteilt wird. Die jeweiligen Coins enthalten dabei ihre eigene Transaktionshistorie (vgl. Abbildung 2.1). Besitzer des Coins ist dabei immer der Empfänger der letzten Transaktion des Coins, da dieser als einziger die Möglichkeit hat, eine weitere Transaktion des Coins zu veranlassen.

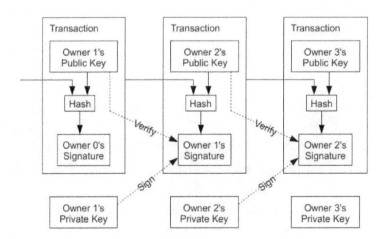

ABBILDUNG 2.1: Transaktionshistorie von Bitcoins (Nakamoto, 2008)

Als Konsensmechanismus wird ein Proof-of-Work (PoW) Verfahren eingesetzt, bei dem Nodes (Die Teilnehmer des Netzwerkes) Rechenaufwand betreiben müssen, um ein Hashpuzzle zu
lösen. Durch die Hashpuzzles sind Transaktionen bzw. deren Verifikation an physikalische Ressourcen in Form von Hardware und Energie geknüpft. Außerdem verhindert das PoW-Verfahren
Denial-of-Service-Attacken auf das Netzwerk, die in der massenhaften Ausführung von leeren
Transaktionen bestehen. Das Bitcoin-Netzwerk wiederholt dabei die folgenden Schritte (vgl.
Nakamoto, 2008):

1. Neue Transaktionen werden den Netzwerkteilnehmern mitgeteilt

2. Nodes sammeln veröffentlichte Transaktionen in einem Block

3. Jede Node versucht, das Hashpuzzle für den PoW des eigenen Blocks zu lösen

4. Falls der PoW für den eigenen Block gefunden wurde, wird der Block mit PoW den
   Netzwerkteilnehmern mitgeteilt

5. Andere Nodes prüfen, ob der PoW korrekt ist und die Transaktionen nicht schon durchgeführt wurden

6. Falls die Prüfung erfolgreich ist, akzeptieren andere Nodes den Block, in dem sie diesen
   als Ausgangsblock für die Arbeit am nächsten Block verwenden, diese beginnt mit Schritt
   1.

So ergibt sich eine Kette aus Blöcken, die Blockchain. Der Inhalt der Blöcke wird in Abbildung
2.2 dargestellt:

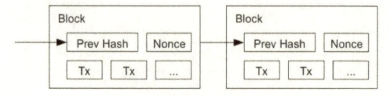

ABBILDUNG 2.2: Inhalt der Blöcke in der Bitcoin-Blockchain (Nakamoto, 2008)

Für die Erstellung von Blöcken erhalten die Nodes eine Belohnung in Form neuer Bitcoins sowie
die Gebühren für die Transaktionen, die im erstellten Block verarbeitet werden. Dabei kann
es aufgrund von Latenz bei der Verbreitung neuer Blöcke im Netzwerk dazu kommen, dass

mehrere unterschiedliche valide Blöcke am Ende der Blockchain stehen, sich die Kette also teilt und unterschiedliche Fraktionen innerhalb des Netzwerkes an unterschiedlichen Zweigen der Blockchain arbeiten. Dabei handelt es sich allerdings um einen instabilen Zustand, der nur für eine kurze Zeit besteht. Denn da die Miner[3] nur für die Erstellung valider Blöcke belohnt werden, haben sie einen starken wirtschaftlichen Anreiz, für den längsten Zweig zu minen und dafür gegebenenfalls den eigenen Zweig aufzugeben. Der Aufbau der Bitcoin-Blockchain wird in Abbildung 2.3 veranschaulicht.

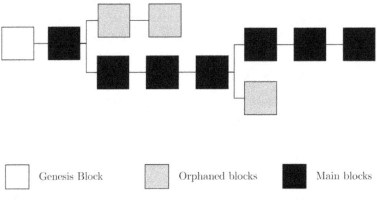

ABBILDUNG 2.3: Aufbau der Bitcoin-Blockchain (Okupski, 2014, S. 35)

Per Definition enthält die längste Blockchain (Main Blocks) den korrekten Zustand des Netzwerkes sowie alle vorherigen Zustände und Transaktionen. Falls sich die Blockchain aufteilt, gelten nur diejenigen Transaktionen als korrekt, die in dem Zweig enthalten sind, der im Netzwerk die Mehrheit erlangt. Blöcke eines anderen Zweiges (Orphaned Blocks) werden von Nodes als inkorrekt betrachtet, das gilt ebenso für die darin enthaltenen Transaktionen. Somit können mehrere gleiche Transaktionen während des instabilen Zustandes, in dem noch keine klare Mehrheit innerhalb des Netzwerkes besteht als korrekt gelten, was ein Double-Spending-Problem darstellt. Dieses ist zeitlich allerdings sehr begrenzt. Im Moment, in dem das Netzwerk einen der beiden Zweige mehrheitlich akzeptiert, werden alle Transaktionen des kürzeren Zweiges als inkorrekt betrachtet, auch wenn diese von Teilen des Netzwerkes zuvor als korrekt betrachtet wurden. Die Wahrscheinlichkeit einer derartigen Rückabwicklung bereits verifizierter Transaktionen sinkt mit fortschreitender Tiefe des Blocks, in dem die betroffene Transaktion verarbeitet wurde.

---

[3]Als Miner werden Netzwerkteilnehmer(Nodes) bezeichnet, die an der Verarbeitung von neuen Transaktionen nach dem PoW-Verfahren teilnehmen.

2.3.2.2   51%-Attacken

Neben der oben beschriebenen zufälligen Aufteilung der Blockchain in verschiedene Zweige ist ein Szenario denkbar, in dem ein unehrlicher Teilnehmer des Netzwerkes nachträglich einen Zweig an die Blockchain anfügt, um bereits verifizierte Transaktionen gezielt zu verändern und so beispielsweise eigene Bitcoins mehrfach ausgeben zu können. Dieses Szenario wird als 51%-Attacke bezeichnet, da der Angreifer über eine Mehrheit der Hashing Power des Netzwerkes verfügen muss, damit er die korrekte Version der Blockchain mit seinem eigenen Zweig einholen und die Transaktionshistorie der Blockchain so gezielt manipulieren kann. Die Wahrscheinlichkeit, dass ein Angreifer ohne Mehrheit der Hashing Power Transaktionen nachträglich verändern kann, sinkt dabei mit fortschreitender Blocktiefe und liegt nach fünf Blöcken bereits bei unter 0,1% (vgl. Nakamoto, 2008).

In den folgenden Abschnitten werden einige der wesentlichen Technologien kurz vorgestellt, die im Bitcoin-Protokoll, sowie in den meisten anderen Blockchains zum Einsatz kommen.

2.3.2.3   Asymmetrische Kryptographie

Bei der asymmetrischen Kryptographie (Auch: Public-Key-Kryptographie) werden Schlüsselpaare genutzt, um Nachrichten zu verschlüsseln und digital zu signieren. Dabei ist ein Teil des Schlüsselpaares, der Public Key, frei verfügbar. Der Private Key muss vom Besitzer geheim gehalten werden. Die Ver- und Entschlüsselung ist in Abbildung 2.4 dargestellt.

Der Verschlüsselungsalgorithmus funktioniert dabei wie folgt (Tanenbaum und Wetherall, 2011, S. 768):

1. Entschlüsseln(Verschlüsseln(Klartext)) = Klartext

2. Entschlüsseln() kann nicht aus Verschlüsseln() abgeleitet werden

3. Der private Schlüssel kann nicht durch eine Plaintext-Attacke, also Verwendung eines bekannten Klartextes, erraten werden.

Im Zusammenhang mit der Blockchain-Technologie wird die Public-Key-Kryptographie eingesetzt, um Transaktionen zu verifizieren. Accounts innerhalb der Blockchain bestehen aus Schlüsselpaaren, wobei der Public Key die Accountnummer bildet und der Private Key den Schlüssel zur Bestätigung von Transaktionen. Um eine Transaktion zu verifizieren, verschlüsselt der

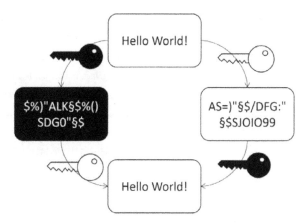

ABBILDUNG 2.4: Asymmetrische Kryptographie, schematische Darstellung (Drescher, 2017, S. 97)

Besitzer die Accountnummer des Empfängers zusammen mit den weiteren Informationen zur Transaktion mit seinem privaten Schlüssel.

2.3.2.4 Hashfunktionen

Hashfunktionen weisen einem beliebig langen Wort ein neues Wort mit vorgegebener Länge zu, den sogenannten Hashwert. Im Zusammenhang mit Blockchains werden kryptographische Hashfunktionen eingesetzt, welche die folgenden Merkmale besitzen:

- Sie sind deterministisch

- Sie erzeugen pseudozufällige Hashwerte, das heißt der Hashwert eines Wortes kann nicht vorbestimmt werden, ohne die Hashfunktion für das Wort auszuführen.

- Es sind Einweg- bzw. Trap-Door-Funktionen, das heißt aus dem Hashwert eines Wortes kann nicht das Wort berechnet werden.

- Kollisionsresistenz: Die Wahrscheinlichkeit, das zwei unterschiedliche Worte den gleichen Hashwert besitzen, ist ausreichend gering.

Innerhalb von Blockchains werden Hashfunktionen in zwei Bereichen eingesetzt. Zum einen dienen Hashfunktionen innerhalb der Blöcke dazu, um Daten gegen Manipulationen zu sichern.

Zum anderen werden sie in Form von Hashpuzzles als PoW-Mechanismus eingesetzt. Dabei wird der Hashwert eines Blockes aus dem Block Header und einer zufällig gewählten Zahl, der Nonce, gebildet. Der gebildete Hashwert muss die vorgegebene Schwierigkeit des Puzzles erfüllen. Diese wird durch eine bestimmte Anzahl an Nullen festgelegt, mit der der Hashwert beginnen muss. Erfüllt der Hashwert die vorgegebene Schwierigkeit nicht, wird die Berechnung mit einer anderen Nonce erneut durchgeführt, bis das Puzzle gelöst wurde. Hashpuzzle können aufgrund der oben beschriebenen Merkmale der Hashfunktionen nur im Trial-and-Error-Verfahren gelöst werden und eignen sich daher gut als PoW (vgl. Drescher, 2017, S. 141).

2.3.3 Ethereum

2.3.3.1 Grundlagen

Das Bitcoin-Protokoll bietet zwar einen Funktionsumfang, der über einfache Transaktionen zwischen zwei Parteien hinausgeht,[4] allerdings muss jeder Transaktionstyp von den Entwicklern im Bitcoin-Protokoll implementiert werden. Daher bietet Bitcoin nur sehr begrenzte Möglichkeiten, Smart Contracts zu realisieren. Diese Tatsache führte zur Entwicklung von Ethereum, einer Blockchain, die darauf ausgelegt ist, den Netzwerkteilnehmern vollkommene Freiheit über die Gestaltung der Transaktionen bzw. Verträge innerhalb der Blockchain zu gewähren. Dies ermöglicht die Gestaltung von Smart Contracts und autonomen Programmen (Decentralized Application, Dapp) in der Blockchain, bis hin zu vollständigen Organisationen (Decentralized Autonomous Organization, DAO), die mit klassischen Firmen vergleichbar sind, jedoch ausschließlich in der Blockchain existieren und vollkommen autonom agieren. Ethereum wurde erstmals von Buterin (2013) in einem Whitepaper vorgestellt .

Ethereum enthält eine Turing-vollständige Programmiersprache, um den Nutzern die beschriebene Gestaltungsfreiheit zu ermöglichen. Diese beinhaltet im Gegensatz zu Bitcoin Script Schleifen, die dort bewusst ausgeschlossen wurden, damit Endlosschleifen in Transaktionen als möglicher Angriffspunkt ausgeschlossen sind (vgl. Antonopoulos, 2017, S. 230f.). Um die hier theoretisch möglichen Endlosschleifen in der Praxis auszuschließen, nutzt Ethereum Gas, welches im Folgenden beschrieben wird. Ethereum bietet gegenüber Bitcoin und Bitcoin-verwandten Blockchains die folgenden grundlegenden Vorteile (vgl. Buterin, 2017):

---

[4]Bitcoin unterstützt beispielsweise Multi-Signatur-Transaktionen, bei der mehrere Parteien einer Transaktion zustimmen müssen.

- Turing-Vollständigkeit: Soll den größtmöglichen Funktionsumfang und Einsatzbereich der Blockchain gewährleisten.

- Value-Awareness: Transaktionen können den Wert der eigenen Auszahlung bestimmen und beispielsweise an einen externen Wechselkurs binden. Bitcoin ermöglicht lediglich die Auszahlung vorher bestimmter fester Beträge.

- Blockchain-Awareness: Transaktionen können auf den Zustand der Blockchain zugreifen wie beispielsweise die Nonce, Block Hash oder Timestamp vorheriger Blöcke. Dies stellt eine deterministische Quelle für quasizufällige Zahlen innerhalb der Blockchain dar.

- State: Transaktionen können interne Zustände besitzen zwischen Erfüllung und Nichterfüllung. Während Transaktionen in Bitcoin entweder ausgeführt werden oder nicht ausgeführt werden, können Transaktionen in Ethereum an Bedingungen geknüpft werden, die dauerhaft in der Blockchain gespeichert werden. Dies stellt eine wesentliche Voraussetzung für Smart Contracts dar.

Ethereum bietet zwar einen größeren Funktionsumfang als Bitcoin, die genutzte Blockchain-Technologie basiert jedoch auf den gleichen Prinzipien wie Bitcoin, in dem Transaktionen in Blöcke zusammengefasst, gehasht und in Form einer Kette dezentral gespeichert werden. Im Detail bestehen dabei Unterschiede, zum Beispiel bei der gewählten Hashfunktion und dem PoW-Verfahren.[5] Ethereum enthält eine Kryptowährung namens Ether,[6] die unter anderem dazu genutzt wird Transaktionsgebühren im Netzwerk zu bezahlen und Mining-Belohnungen zu generieren.

2.3.3.2 Transaktionen

Die Kommunikation unter den Netzwerkteilnehmern findet in Ethereum durch Transaktionen statt, welche die folgenden Informationen enthalten:

- Den Empfänger

- Die Signatur des Senders

- Die Summe an Ether, die vom Sender zum Empfänger transferiert werden soll

---

[5]Für technische Details vgl. auch (Okupski, 2014) für Bitcoin, (WOOD, 2014) für Ethereum
[6]Ein Ether wird unterteilt in 1.000 Finney, 1.000.000 Szabo oder 10^{18} Wei

- Daten (Optional)

- Den Wert *STARTGAS*, der bestimmt, wie viele Rechenschritte die Ausführung der Transaktion höchstens in Anspruch nehmen darf.

- Den Wert *GASPRICE*, der bestimmt, welchen Preis der Sender pro Rechenschritt bezahlt.[7]

Nachrichten können zwischen Teilnehmern des Netzwerkes versendet werden, indem Transaktionen ohne Ether-Gegenwert gebildet werden (vgl. Buterin, 2017).

2.3.3.3 Smart Contracts

Die zuvor beschriebenen Transaktionen finden in Ethereum zwischen Accounts statt. Diese enthalten die folgenden Informationen:

- Ein Zähler, der mit jeder Transaktion steigt[8]

- Das Guthaben des Accounts in Ether

- Den Contract Code des Accounts

- Den Datenspeicher des Accounts in Form einer Key/Value Datenbank.

Es bestehen zwei Arten von Accounts: Accounts, die durch mit Private Keys verifizierte Transaktionen extern gesteuert werden (Im Folgenden: Externally Owned Accounts, EOAs), sowie Contract Accounts, die durch ihren Contract Code gesteuert werden (Im Folgenden: Contracts). EOAs sind mit Bitcoin Accounts vergleichbar und enthalten weder Contract Code noch gespeicherte Daten. Contracts bilden die Grundlage für Smart Contracts, Dapps und DAOs. Nachrichten können innerhalb des Netzwerks durch Transaktionen zwischen Accounts versendet werden. Dabei können auch Contracts untereinander kommunizieren und neue Contracts erstellen. Contracts führen ihren Code immer dann aus, wenn sie eine Transaktion als Empfänger erhalten und können dabei auf die Daten in ihrem Speicher zugreifen und diese verändern. Durch die zuvor beschriebene State-Eigenschaft existieren Contracts zeitlich unbegrenzt, solange das Ethereum-Netzwerk besteht oder bis der Contract durch den *suicide* Befehl aufgelöst wird (vgl. Buterin, 2017).

---

[7]Gas-Werte werden im entsprechenden Abschnitt erläutert.

[8]Dabei handelt es sich um eine Sicherheitsmaßnahme, die gewährleisten soll, dass jede Transaktion nur einmal gültig ist, um Replay Attacks zu verhindern, bei denen dieselbe Transaktion mehrfach ausgeführt wird (vgl. Buterin, 2013).

Contracts erfüllen grundsätzlich eine der folgenden vier Funktionen:

1. Bereitstellung von Daten, beispielsweise des Wechselkurses einer Währung.

2. Die Funktion eines Forwarding Contracts: Daten werden nur dann weitergegeben an einen bestimmtes Ziel, wenn die dafür festgelegten Voraussetzungen erfüllt werden, wie beispielsweise die erforderliche Anzahl an Signaturen für eine Multi-Signatur Transaktion.

3. Verwaltung einer bestehenden Beziehung zwischen mehreren EOAs oder Contracts. Dazu zählen Contracts, die Ether treuhänderisch verwalten, bis bestimmte Konditionen erfüllt wurden, aber auch Versicherungen, die Auszahlungen an die Versicherungsnehmer veranlassen, wenn bestimmte Kriterien erfüllt werden.

4. Bereitstellung von Funktionen für andere Contracts, vergleichbar mit Software Libraries.

Contracts die aufgerufen werden, haben die Möglichkeit, Daten zurückzugeben an den Sender der Transaktion, die der Sender weiterverwenden kann. Damit sind Contracts mit Funktionen vergleichbar und das Senden einer Transaktion mit dem Aufruf einer Funktion in klassischen Programmen (vgl. Buterin, 2015). Die Möglichkeit, innerhalb der Blockchain unabhängige bzw. autonom agierende Contracts zu erstellen und diese untereinander sowie mit EOAs mittels Transaktionen kommunizieren zu lassen, ermöglicht die Erstellung von Smart Contracts für eine Vielzahl von Anwendungsfällen.

2.3.3.4 Gas

Gas ist ein Gebührensystem in Ethereum und dient dazu, Denial of Service-Attacken zu verhindern. Diese können in Form von bösartigen oder versehentlichen Endlosschleifen im Contract-Code auszuführender Accounts auftreten. Außerdem bildet das Gas-System einen Anreiz, möglichst sparsam mit Ressourcen im Ethereum Netzwerk umzugehen. Die Kostenstruktur wurde im Ethereum Yellow Paper festgelegt und soll dem Ressourcenverbrauch in Form von Rechenschritten und Speicher bei der Ausführung des Contracts entsprechen. Die einzelnen Rechen- und Speicheroperationen sind dabei mit festen Preisen in der Einheit Gas versehen und reichen von 0 für *STOP* und *RETURN* bis 32.000 Gas für die Erstellung eines neuen Contracts. Für einfache Transaktionen zwischen EOAs beträgt die Gebühr 21.000 Gas (vgl. WOOD, 2014). Die tatsächlich in Ether zu bezahlende Gebühr für Transaktionen wird aus der Multiplikation der

Gas-Gebühr mit dem Gaspreis errechnet. [9] Dieser ist vom Sender der Transaktion frei wählbar. Die Gebühren erhält der Miner, der die Transaktion verarbeitet. Da die Miner die Transaktionen, die sie verarbeiten, nach der Höhe der gebotenen Gebühr auswählen können, bildet sich ein Gleichgewicht aus Angebot und Nachfrage bei der Verarbeitung von Transaktionen. Je höher der Sender den Gaspreis setzt, desto größer ist die Wahrscheinlichkeit, dass seine Transaktion schnell ausgeführt wird.

Der Gasverbrauch komplexer Programme kann nicht mit absoluter Sicherheit vorhergesagt werden, da der Zeitpunkt der Ausführung des Programms und damit der Zustand der Blockchain zum Zeitpunkt der Ausführung von der quasizufälligen Hashfunktion abhängen. Außerdem ist der Quellcode von fremden Contracts in der Ethereum Blockchain oftmals nicht bekannt (vgl. Luu u. a., 2016), das Verhalten eines fremden Contracts kann somit ebenfalls nicht mit vollständiger Sicherheit vorhergesagt werden. Der Wert *STARTGAS* stellt deshalb eine Obergrenze dar, die die Rechenschritte der aufgerufenen Contracts höchstens verbrauchen dürfen. Wird diese Grenze erreicht, bevor die aufgerufenen Programme beendet sind, werden die entsprechenden Änderungen nicht in die Blockchain übernommen, allerdings wird die Transaktionsgebühr nicht rückerstattet, sondern verbleibt beim Miner. Gas, das nach der korrekten Ausführung der aufgerufenen Contracts noch nicht verbraucht wurde, wird an den Sender zurück erstattet.

2.3.3.5 Ethereum Virtual Machine (EVM)

Die Berechnungen in der Ethereum Blockchain werden in einer virtuellen Maschine durchgeführt, der Ethereum Virtual Machine (EVM). Die Berechnungen der EVM werden auf allen Nodes parallel ausgeführt. Sie wurde von Wood 2014 in einem Yellow Paper formal beschrieben (vgl. WOOD, 2014). Die EVM nutzt eine Assemblersprache, den EVM Code, der in Form von Bytecode im Datenteil der Transaktionen an die EVM übergeben werden kann. Da die EVM parallel ausgeführt wird in einem Netzwerk, dessen wichtigstes Merkmal es ist, dass es nur einen korrekten Zustand innehat, ist es essentiell, dass die EVM alle Berechnungen deterministisch durchführt. Um dies zu gewährleisten, werden neue Contracts aus der Accountnummer und der Nonce des Senders der entsprechenden Transaktion gebildet. Außerdem wird durch die zuvor beschriebene Gas-Funktion sichergestellt, dass Endlosschleifen die Blockchain nicht nur

---

[9]Zur Berechnung von Transaktionsgebühren siehe https://ethgasstation.info/. Bei einem aktuellen durchschnittlichen Gaspreis von 4 GWei beträgt die durchschnittliche Gebühr einer einfachen EOA-Transaktion beispielsweise $8*10^{-5}$ Ether oder circa \$0,085.

nicht überlasten können, sondern auch genau festgelegt ist, wann eine entsprechende Transaktion abgebrochen wird.

Wenn Contracts die Ausführung anderer Contracts anstoßen, werden diese Sub-Contracts zunächst vollständig ausgeführt, bevor die Ausführung des auslösenden Contracts fortgesetzt wird. Die Transaktion an den Sub-Contract enthält dabei ein eigenes Gaslimit, was sich vom Gaslimit der ursprünglichen Transaktion unterscheiden kann. Kommt es aufgrund der Erreichung des Gaslimits im Sub-Contract zu einem Fehler, wird die Gasprämie der entsprechenden Transaktion einbehalten, der auslösende Contract kann aber fortgesetzt werden bis das Gaslimit der auslösenden Transaktion erreicht ist (vgl. Buterin, 2015). Derzeit existieren vier Programmiersprachen für die EVM: Solidity, Serpent, LLL und Mutan, diese sind jeweils an JavaScript, Python, Lisp und Go angelehnt (vgl. Diedrich, 2016, S. 212).

2.3.4 Differenzierung von Blockchains nach Lese- und Schreibrechten

Blockchains können danach unterschieden werden, wie Lese- und Schreibrechte an Teilnehmer des Netzwerkes vergeben werden. Die Leserechte bestimmen, wer auf die Daten in der Blockchain zugreifen kann. Hier wird zwischen öffentlichen (public) und privaten (private) Blockchains unterschieden. Public Blockchains stellen alle Daten allen Nutzern zur Verfügung. Private sind solche Blockchains, die den Zugriff auf die gespeicherten Daten regulieren, indem beispielsweise Teile oder die Gesamtheit der Daten nur autorisierten Nutzern zur Verfügung stehen oder innerhalb der Blockchain Nutzergruppen gebildet werden, die jeweils eigene Leserechte für Teile der Blockchain besitzen.

Die Schreibrechte innerhalb einer Blockchain regeln, wer Transaktionen verifizieren und neue Blöcke bilden darf. Permissionless Blockchains ermöglichen allen Netzwerkteilnehmern die Verifikation von Transaktionen und Erstellung neuer Blöcke, während permissioned Blockchains diese regulieren. Diese können auch noch weiter differenzieren zwischen der Berechtigung, Transaktionen zu verifizieren und Blöcke zu bilden und diese ans Netzwerk zu übermitteln. Die Autorisierung der Teilnehmer erfolgt bei permissioned Blockchains durch eine oder mehrere vertrauenswürdige Parteien (vgl. BitFury Group, 2015, S. 11).

Dadurch, dass vertrauenswürdige Parteien notwendigerweise erforderlich sind, widersprechen permissioned Blockchains dem Grundgedanken, der bei Bitcoin verfolgt wurde und vorsah, eine Plattform zu schaffen, in der keinerlei Vertrauen zwischen den Teilnehmern notwendig ist (vgl.

Nakamoto, 2008). Bei Bitcoin und Ethereum handelt es sich um public permissionless Block-chains. Diesen gegenüber stehen private permissioned Blockchains, die im Folgenden anhand der Blockchain-Plattform Hyperledger beschrieben werden.

2.3.5 Hyperledger

Hyperledger ist eine Plattform für Blockchain-Technologie, die das Ziel hat, Industrie unabhängige Blockchain-Lösungen für B2B-Anwendungen bereitzustellen. Das Projekt wird von der Linux-Stiftung geleitet und die grundlegende Technologie ist Open-Source. Allerdings bietet neben anderen IBM kommerzielle Dienstleistungen rund um Hyperledger an. Im Vergleich zu Ethereum und Bitcoin bestehen einige grundlegende Unterschiede:

Hyperledger ist modular aufgebaut. Es bestehen verschiedene Layer und Frameworks, die auf die Anforderungen des jeweiligen Einsatzbereichs angepasst werden können. Für die vorliegende Fragestellung interessant sind dabei vor allem die Frameworks Hyperledger Fabric und Hyperledger Burrow, die sich unter anderem im eingesetzten Konsensverfahren und der zugrunde-liegenden DLT unterscheiden. Während Burrow auf einer (u.a. durch Einführung von Zugriffs-rechten) abgewandelten Ethereum Virtual Machine basiert und das Proof-of-Stake-Verfahren Tendermint[10] nutzt, basiert Fabric auf einer eigenen DLT und stellt als Konsensmechanismen Apache Kafka[11] und den BFT-Algorithmus[12] zur Verfügung.

Die vorliegende Arbeit wird sich im Folgenden auf Hyperledger Fabric konzentrieren, da sich dieses Framework stärker von Ethereum unterscheidet und derzeit das fortschrittlichste Hyperledger Framework mit Fokus auf Smart Contracts darstellt. Es gibt keine zentrale Blockchain, in der alle Transaktionen abgewickelt und Daten gespeichert werden, stattdessen verfügen einzelne oder mehrere Unternehmen jeweils über eigene Blockchains, die sich im Aufbau unterscheiden können.

---

[10]Proof-of-Stake nutzt im Gegensatz zu PoW keine externen Ressourcen zur Validierung (Rechenleistung, Ener-gie), sondern setzt voraus, dass die validierenden Nodes virtuelle Währung in dafür vorgesehenen Transaktionen als Pfand deponieren. Dafür erhalten sie ein Stimmrecht zur Validierung proportional zum deponierten Geldbetrag. Verletzten sie die Regeln und ermöglichen so beispielsweise Double-Spending, werden die verursachenden Nodes bestraft, in dem der als Pfand deponierte Betrag eingezogen wird. Für das korrekte Ausüben des Stimmrechtes be-ziehungsweise die Verifizierung von Blöcken erhalten die Nodes eine Belohnung (vgl. Kwon, 2014). Weitere Informationen siehe https://github.com/ethereum/wiki/wiki/Proof-of-Stake-FAQ

[11]Apache Kafka ist ein Streaming Service, der parallel auf mehreren Servern ausgeführt wird. Er ist resistent gegen den Ausfall einzelner Server, nicht jedoch BGP-tolerant (vgl. Apache Software Foundation, 2017).

[12]Der BFT-Algorithmus (BFT = Byzantine Fault Tolerant) ist ein Replikationsalgorithmus, der BGP-tolerant ist, solang weniger als 1/3 der betroffenen Server fehlerhaft arbeiten (vgl. Castro und Liskov, 2002, S. 1).

Bei Hyperledger Fabric handelt es sich um eine private permissioned Blockchain. Diese bietet gegenüber public permissionless Blockchains wie Ethereum den Vorteil, dass Daten gegen den Zugriff von Dritten geschützt werden können und auch innerhalb der Blockchain, in unternehmensübergreifenden Blockchains nur diejenigen Daten geteilt werden müssen, die dafür vorgesehen sind.

Die Vergabe von Schreibrechten erfolgt durch vertrauenswürdige Parteien, was die Verwendung von effizienteren Konsensmechanismen als dem PoW-Verfahren ermöglicht. Hyperledger nutzt die Programmiersprache Go; Smart Contracts werden in Hyperledger als Chaincode bezeichnet.

2.4 Orakel

Blockchains bilden ein geschlossenes System, in dem nur auf Informationen zugegriffen werden kann, die entweder bereits in der Blockchain gespeichert sind oder die als Teil von Transaktionen bereitgestellt werden. Abrufe externer Daten durch Contracts innerhalb einer Blockchain könnten dazu führen, dass gleiche Anfragen als Antwort unterschiedliche Daten erhalten. Dieses würde zu nicht-deterministischem Verhalten der Blockchain führen. Eine Vielzahl von Anwendungsfällen für Smart Contracts, darunter auch Versicherungen, setzen allerdings Daten voraus, die zum Zeitpunkt der Erstellung eines Contracts noch nicht bekannt sind. Daher können diese Daten nicht vom Sender bei Erstellung des Contracts bereitgestellt werden, sondern müssen zu einem späteren Zeitpunkt in die Blockchain integriert werden. Die Bereitstellung dieser Daten kann durch externe Parteien erfolgen, die als Orakel bezeichnet werden (vgl. Diedrich, 2016, S. 187f.).

Orakel bestehen aus zwei Teilen. Der eine Teil innerhalb der Blockchain verarbeitet Anfragen und stellt Daten als Teil von Contracts bereit. Der andere Teil außerhalb der Blockchain nimmt Anfragen aus der Blockchain an, beschafft die geforderten Daten und integriert sie mittels Transaktionen in die Blockchain. Der Ablauf des Anfrage- und Bereitstellungsprozesses wird in Abbildung 2.5 dargestellt. Für die Bereitstellung von externen Daten erhalten Orakel eine Entschädigung.

Orakel bilden die Schnittstelle zwischen Daten innerhalb und außerhalb der Blockchain und stellen dabei für das vertrauensfreie Modell eine Herausforderung dar, da sowohl auf die Korrektheit der Daten als auch auf die korrekte Ausführung der Anfragen durch das Orakel vertraut werden muss. Der erste Punkt wird dadurch gelöst, dass die Korrektheit von Daten durch

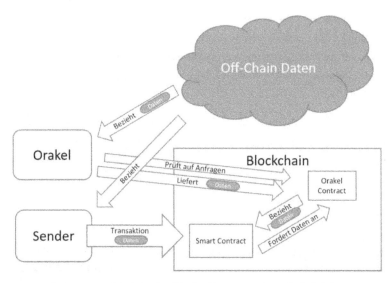

ABBILDUNG 2.5: Anfrage und Bereitstellung externer Daten durch Orakel

sichere Protokolle wie HTTPS im Internet grundsätzlich gewährleistet werden kann. Durch vorhandene Erfahrungswerte sind Nutzer außerdem in der Lage, vertrauenswürdige von nicht-vertrauenswürdigen Quellen von Daten zu unterscheiden (vgl. Zhang u. a., 2016, S. 1).

Der zweite Punkt gestaltet sich schwieriger, da es sich bei den derzeit bestehenden Orakeln um kleine und junge Unternehmen handelt, die noch über keine aussagekräftige Reputation verfügen.[13] Oraclize.it stellt dabei das derzeit meistverwendete Orakel in Ethereum dar (vgl. Bartoletti und Pompianu, 2017, S. 10). Das Vertrauensproblem löst Oraclize durch einen als „provable honesty" bezeichneten Ansatz, bei dem neben den angeforderten Daten ein Beweis mitgeliefert wird, dass die gelieferten Daten identisch sind mit denen, die zum beschriebenen Zeitpunkt vom angegebenen Server abgerufen wurden. Damit besteht zwar keine Garantie, dass Oraclize die angeforderten Daten liefert. Sofern es Daten liefert, kann jedoch geprüft werden, ob diese von Oraclize manipuliert wurden.

Einen anderen Ansatz verfolgt das Orakel Town Crier, das Intels SGX-Funktion nutzt um zu gewährleisten, dass die von einem externen Server abgerufenen Daten weder von Dritten noch von Town Crier selbst manipuliert werden können. Damit muss der Nutzer zwar nicht dem Town Crier Orakel vertrauen, stattdessen aber der Sicherheit von Intels SGX-Feature.

---

[13]Siehe beispielsweise http://www.oraclize.it/, https://www.realitykeys.com/

Auch wenn Oraclize und Town Crier mit den gewählten Ansätzen ausreichend vertrauenswür-
dig sind, um in der Praxis verwendet zu werden, können sie nicht das grundsätzliche Problem
lösen, Daten als zentrale Anbieter zu liefern. Dies widerspricht dem dezentralen, vertrauensfrei-
en Grundsatz der Blockchain, dessen Vorteil unter anderem die Unabhängigkeit von einzelnen
Netzwerkteilnehmern ist. So ist die derzeitige Lösung der Vertrauensfrage durch provable honesty ein Werkzeug, dass das Vertrauen in den Anbieter bestärkt, jedoch nicht die Ausfallsicherheit
einer dezentralen Lösung bieten kann.

Eine mögliche Alternative bieten dezentrale Orakel, die allerdings deutlich komplexer sind. So
entwickelt das Startup Delphi Systems eine Plattform für dezentrale Orakel. Diese besteht zum
einen aus dem Framework Pythia, welches kein konkretes Orakel sondern eine Plattform darstellt, auf dem der Anbieter, aber auch Dritte, Orakel-Dienstleistungen anbieten können. Von
dem so geförderten Wettbewerb sollen die Nutzer durch geringere Gebühren profitieren. Pythia
ermöglicht dabei eine freie, beliebig komplexe Gestaltung der Konsensmechanismen dezentraler Orakel. Diese bestehen in ihrer Grundform aus Multisignatur-Contracts, die von mehreren
Parteien verifiziert werden müssen, um Output zu generieren. Damit dieses System funktionieren kann, muss gewährleistet werden, dass die Teilnehmer der Plattform korrekt agieren. Dies
wird von Delphi über ein integriertes Token-System erreicht, das korrektes Verhalten belohnt
und dieses durch eine positive Reputation bekannt macht, während negatives Verhalten bestraft
wird. Delphi befindet sich derzeit noch in Entwicklung (vgl. Delphi Systems, 2017, S. 3).

Eine Weiterentwicklung dezentraler Orakel stellen Prediction Markets dar. Diese bilden eine dezentrale Plattform, um auf beliebige Ereignisse in der Zukunft zu wetten. Die Netzwerkteilneh-
mer haben dabei einen finanziellen Anreiz, auf das aus ihrer Sicht wahrscheinlichere Ereignis zu
setzen: Tritt das gewählte Ereignis ein, erhalten sie eine Belohnung, tritt es nicht ein, verlieren
sie ihren Einsatz. Das Verhalten der Marktteilnehmer kann als Prognose über die Eintrittswahrscheinlichkeit der betrachteten Ereignisse genutzt werden; diese Prognosen können herkömmliche Methoden übertreffen. Neben Delphi, dessen Produkt auch einen Prediction Market enthält,
entwickeln die Unternehmen Augur und Gnosis ebenfalls entsprechende Plattformen.[14]

---

[14]Siehe https://delphi.systems/, http://www.augur.net/, https://gnosis.pm/

2.5 Bestehende Produkte Smart Contract-basierte Produkte

Nachdem in den vorherigen Abschnitten die Grundlagen von Smart Contracts und der dahinter stehenden Blockchain Technologie erläutert wurden, werden in diesem Teil der Arbeit Produkte vorgestellt, die Versicherungen auf Grundlage von Smart Contracts anbieten.

2.5.1 Etherisc

Das Startup Etherisc hat eine parametrische Versicherung gegen Flugverspätungen in Form einer dezentralen App auf Basis der Ethereum-Blockchain entwickelt. Dieses Produkt wurde erstmals 2016 auf der Devcon2 in Shanghai als Konzept vorgestellt und zwischenzeitlich auch öffentlich angeboten, ist aktuell jedoch nicht verfügbar.[15] Bei der Flight Delay Dapp handelt es sich um ein dezentralisiertes Versicherungsprodukt mit Rückversicherungsplattform in Ethereum. Beides basiert auf einem Token Modell, welches Investoren ermöglicht, Long-Tail-Risiken[16] eines dezentralen Versicherungsportfolios zu übernehmen und dafür einen Teil der Prämien zu erhalten. Zusammen mit einem Front-End für Versicherungsnehmer handelt es sich damit um eine komplette und funktionierende Versicherung auf Basis der Blockchain Ethereum, die kein Vertrauen zwischen den handelnden Parteien erfordert. Das Ziel der Entwickler ist dabei, durch die Monetarisierung von Versicherungsrisiken durch Tokens die Versicherungspools skalierbar zu machen. Die Kunden sollen hiervon durch flexiblere und transparentere Produkte profitieren, die letztendlich zu verringerten Kostensätzen führen. Außerdem soll durch die Tokens die Beteiligung an Rückversicherungspools als Investitionsmöglichkeit der breiten Öffentlichkeit zugänglich gemacht werden.

Die Versicherung gegen Flugverspätungen wurde als erstes Produkt gewählt, da die Einzelrisiken hier größtenteils unabhängig voneinander sind und das individuelle Risiko gemessen am Gesamtpool relativ gering ausfällt. Zudem ermöglicht das Produkt eine voll automatisierte Schadenregulierung. Als wesentliche Bereiche, in denen die Blockchain gegenüber klassischen Produkten Vorteile hat, wurden die folgenden Felder identifiziert:

---

[15]https://fdd.etherisc.com/
[16]Mussenbrock (2017a) verwendet ein Versicherungsmodell, welches anfallende Entschädigungen in zwei Kategorien unterteilt:
1.) Erwarteten Schäden, die aus den laufenden Prämieneinnahmen bezahlt werden und mit hoher Wahrscheinlichkeit nicht überschritten werden.
2.) Long-Tail-Risiken: Schadenzahlungen, die nur mit geringer Wahrscheinlichkeit anfallen, dafür aber die Rücklagen für erwartete Schäden übersteigen.
Rücklagen für Mussenbrocks Long-Tail-Risiken sind vergleichbar mit Excess of Loss-Rückversicherungen(vgl. Munich Re, 2010, S. 41).

• Effizienz durch Automatisierung

• Erschließung neuer Märkte durch niedrigere Kosten, z.B. Ernteausfall für Farmer in der dritten Welt

• Freier Zugang zu den Versicherungspools als Investitionsobjekt

• Volle Transparenz gegenüber den Versicherten

In der ursprünglichen Form bestand Etherisc aus den Kernkomponenten Risikopool, Rückversicherungspool, Claim Verification Process, Risk Management System und Token Marketplace. Es sollte zunächst die gesamte Prozesskette für die Flight Delay Dapp realisiert werden, um das Angebot im Anschluss auf weitere Produkte auszudehnen (vgl. Karpischek u. a., 2016, S. 6).

Seit Veröffentlichung des ursprünglichen Konzepts wurden Änderungen am Etherisc Projekt vorgenommen. Aufgrund regulatorischer Probleme wurde der Reinsurance Pool auf unbestimmte Zeit verschoben und anstelle der Veröffentlichung eines einzelnen Produktes hat Etherisc nun das Ziel, eine vollkommen offene, umfassende Versicherungsplattform zu schaffen. Diese soll ebenfalls vollständig als Dapp realisiert werden. Neben der bereits beschriebenen Flight Delay Dapp sollen auf dieser Plattform auch weitere Produkte angeboten werden. Die Plattform wird dabei für Dritte offen gestaltet, sodass diese eigene Produkte und Services anbieten können, entweder in Form von kompletten Produkten oder als Teilprozess eines bestehenden Produktes. Das Ziel ist dabei die Disintermediation von Risikoträgern und Versicherten, was einer Disruption der Versicherungsbranche gleichkommt.[17]

Die wesentlichen Merkmale der Etherisc-Versicherungsplattform werden im Folgenden noch etwas eingehender beschrieben, da sie auch für die Fragestellung der vorliegenden Arbeit relevant sind. Dies sind zum einen der grundsätzliche Aufbau der Plattform und zum anderen das eingesetzte Token-System.

Der Aufbau der Etherisc-Plattform ist in Abbildung 2.6 dargestellt. Die Plattform besteht aus den folgenden Komponenten:

---

[17]Disintermediation: Beschreibt die Eliminierung von Mittelsmännern in einer Wertschöpfungskette, in diesem Fall der Vermittler und Versicherungsgesellschaften.
Disruption: Innovationen sind disruptiv, wenn sie die folgenden Kriterien erfüllen (vgl. Christensen u. a., 2015, S. 47):
1.) Sie bieten eine schlechtere Leistung als die etablierten Produkte der Wettbewerber gemessen an den geltenden Standards innerhalb der Branche
2.) Durch einen günstigeren Preis oder die bessere Erfüllung zuvor nicht beachteter Kundenwünsche bieten sie einen Mehrwert für preisbewusste Kunden oder erschließen neue Käufergruppen.

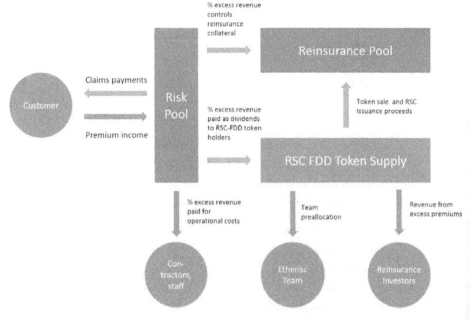

ABBILDUNG 2.6: Aufbau der Etherisc Versicherungsplattform (Mussenbrock, 2017a, S. 28)

1. Risk Pool: Im Risikopool werden die Einnahmen aus dem Verkauf von Policen und die Regulierung von Schäden gebündelt. Die Versicherungsprämien werden abhängig von den versicherten Gefahren und Entschädigungen durch das zugrundeliegende Versicherungsmodell bestimmt. Der Pool muss über ausreichende Rücklagen verfügen, um die erwarteten Schäden regulieren zu können.

2. Reinsurance Pool: In diesem Pool wird zusätzliches Kapital bereitgehalten für den Fall, dass die Rücklagen des Risikopools ausgeschöpft werden, beispielsweise durch Long-Tail Events.

3. Token Marketplace: Dieser Baustein stellt die Handelsplattform für Risk Tokens dar, in dem Marktteilnehmer transparent und direkt in die Rückversicherung der versicherten Risiken investieren können.

Die Plattform wird zunächst nur für ein einzelnes Produkt - die Etherisc Flight Delay Dapp - genutzt, ist aber so konzipiert, dass auf dieser Grundlage in Zukunft auch weitere Produkte angeboten werden können.

Etherisc nutzt zwei unterschiedliche Tokens für die angebotenen Versicherungsprodukte. Der Decentralized Insurance Platform-Token (DIP-Token) wird auch als Plattform-Token bezeichnet und dient als Währungsmittel innerhalb der entwickelten Plattform. Durch die Verwendung von DIP-Tokens anstelle der nativen Ethereum-Währung soll die geschaffene Plattform nach außen abgegrenzt und Nutzer an diese gebunden werden. Gleichzeitig soll Dritten die Möglichkeit geboten werden, eigene Dienstleistungen innerhalb der dargestellten Wertschöpfungskette anzubieten. Dies soll einerseits den Wettbewerb fördern und andererseits zu Netzwerkeffekten[18] führen, wovon die Kunden durch bessere Produkte und niedrigere Kosten profitieren sollen (vgl. Mussenbrock, 2017b, S. 9).

Durch die Verwendung einen PoS-Mechanismus wird dabei die Qualität der angebotenen Dienstleistungen sichergestellt, wobei die Überwachung der korrekten Ausführung noch nicht vollständig beschrieben ist. Als mögliche Lösung wird von Etherisc ein Voting-basiertes Modell genannt. Der DIP-Token erfüllt die folgenden Funktionen innerhalb der Etherisc-Plattform:

- Zahlung von Versicherungsprämien und Entschädigungen. Die DIP-Tokens können dabei entweder direkt vom Kunden mit Ethereum erworben werden, alternativ ist auch ein indirekter Tausch in Fiatgeld durch Zahlungsdienstleister möglich.

- Zahlung von Transaktionskosten innerhalb der Value Chain. Solange nur ein Anbieter den gesamten Versicherungsprozess abbildet, erhält dieser alle Gebühren für die Abwicklung. Sobald die Wertkette für Dritte geöffnet wird, erhalten diese eine anteilige Vergütung für die von ihnen durchgeführten Dienstleistungen in Form von DIP-Tokens. Durch Tausch in andere Währungen können mit DIP-Tokens auch externe Dienstleistungen wie die eines Orakels bezahlt werden.

- Verwendung im PoS-Konzept, siehe oben.

Durch die Verwendung des DIP-Tokens entstehen keine zusätzlichen Kosten; die Kosten für den Betrieb der Plattform werden als Teil der Prämie abgerechnet. Etherisc plant hier mit einem Kostensatz von 5-10% der Bruttoprämie (vgl. Mussenbrock, 2017a, S. 29).

Neben den DIP Tokens sieht das Etherisc-Versicherungsprodukt auch die Nutzung von Risk Pool Tokens vor (RSC-FDD, wobei RSC für Etherisc-Tokens und FDD für Flight Delay Dapp steht). Diese können im Token Marketplace frei gehandelt werden und bieten damit die bereits

---

[18]Netzwerkeffekt: Der Nutzen eines Produktes steigt für die einzelnen Nutzer mit wachsender Anzahl der Gesamtnutzer, z.B. bei Sozialen Netzwerken oder eBay gut erkennbar(vgl. Farrell und Klemperer, 2007, Kap. 31).

beschriebene Möglichkeit, direkt in die Rückversicherung des Versicherungsproduktes zu investieren. Das Kapital aus dem Verkauf der RSC-FDD bildet dabei die Rücklage für das Long-Tail-
Risiko der Versicherungspolicen, diese ist in der Abbildung 2.6 als Reinsurance Pool dargestellt.
Dabei werden nur solange neue Policen ausgestellt, wie garantiert ist, dass diese vollständig
durch den Reinsurance Pool gedeckt sind.

Sofern der Reinsurance Pool entweder durch Schadenfälle oder eine die Rückdeckungskapazi-
tät übersteigende Nachfrage nach Versicherungen ausgeschöpft wird, können neue RSC-FDDs
emittiert werden, um den Reinsurance Pool aufzufüllen. Die Versicherungsprämie von Policen, die schadenfrei auslaufen, wird anteilig verwendet für die Subventionierung neuer Verträge
(10%), sowie als zusätzliches Kapital für den Reinsurance Pool (20%). Der restliche Anteil in
Höhe von 70% wird als Gewinn an die Besitzer der RSC-FDDs ausgeschüttet (vgl. Mussenbrock, 2017a, S. 29).

Etherisc arbeitet aktuell daran, die regulatorischen Auflagen zu erfüllen, um eine Zulassung als
Versicherungsgesellschaft zu erhalten. Hierzu wird der Dialog mit den entsprechenden Gremien,
wie der englischen Finanzaufsichtsbehörde FCA, gesucht (vgl. Etherisc Blog, 2017). Bis zum
Erhalt einer eigenen Versicherungslizenz nutzt Etherisc eine Kooperation mit der maltesischen
Versicherung Atlas Insurance PCC Limited. Dies ermöglicht es, Geschäftspartnern unter der
Versicherungslizenz von Atlas eigene Produkte anzubieten.

2.5.2   B3i Catastrophe XoL Reinsurance

Die Blockchain Insurance Industry Initiative (B3i) ist ein Zusammenschluss aus derzeit 15 Unternehmen, darunter Makler, Erst- und Rückversicherer. Das Ziel dieses Zusammenschlusses ist
es, Blockchain-Produkte zu entwickeln, um im ersten Schritt unternehmensübergreifend Risiko-
daten auszutauschen. Durch den einfachen, sicheren und schnellen Datenaustausch sollen Kostenreduzierungen und eine höhere Kundenzufriedenheit ermöglicht werden. Verringerte Transaktionskosten sollen außerdem zu einem gesteigerten Wettbewerb führen und dabei helfen, neue
Geschäftsfelder zu erschließen. Hierfür sollen auch Smart Contracts genutzt werden (vgl. B3i,
2017).

Als Pilotproject für ein Smart Contract-basiertes Produkt wird derzeit eine Rückversicherung
vom Typ Property Catastrophe XoL entwickelt. Dabei handelt es sich um eine Schadenexze-
dentenrückversicherung gegen Naturgefahren, das heißt die Rückversicherung leistet für den

Teil eines versicherten Schadenereignisses, der den Eigenanteil des Erstversicherers übersteigt, bis zur vereinbarten Deckungsgrenze (vgl. Munich Re, 2010, S. 41). Dieses Produkt wurde als Prototyp gewählt, da der Schadeneintritt anhand objektiver Parameter wie Wetterdaten oder Wasserstände festgestellt werden kann und es sich bei dem Deckungskonzept um ein einfaches Versicherungsprodukt handelt. Derzeit wird das Produkt getestet, der Launch ist für das Jahr 2018 geplant.

Das B3i Blockchain-Produkt nutzt Hyperledger Fabric und bildet den Versicherungsprozess in Form von Kalkulation, Schadenregulierung und Reporting für alle verbundenen Unternehmen innerhalb der Blockchain ab, anstatt dass diese den Verwaltungsaufwand selbst tragen müssen. Dabei verfügt die genutzte Blockchain über die folgenden Funktionen (vgl. B3i, 2018):

- Multi-Party-Transaktionen zwischen Maklern, Erst- und Rückversicherern

- Datenschutz durch Kryptographie und Partitionierung der Daten und Vergabe von individuellen Zugriffsrechten

- Vergabe von Berechtigungen erfolgt durch eigene Certificate Authority, die unabhängig ist von Parteien außerhalb des Konsortiums

- Zustandsänderungen innerhalb der Blockchain führen zu Kapitalflüssen in der realen Welt. Dies wird auf traditionelle Art umgesetzt, indem die Parteien die Smart Contracts als verbindlich betrachten und entsprechend handeln. Die Blockchain verfügt über keine integrierte Kryptowährung.

Innerhalb der B3i-Blockchain sind die Daten in verschiedene Ledger unterteilt, die entweder öffentlich sind oder zugriffsbeschränkt für individuelle Unternehmen (vgl. Abbildung 2.7). Der Austausch von Daten zwischen den Ledgern ist möglich; diese sind wie folgt konzipiert:

- Der Master Data Ledger enthält Risiko- und Kundeninformationen, die zwischen den Unternehmen geteilt werden, sowie standardisierte Vertragsunterlagen.

- Die Private Ledger der jeweiligen Organisationen enthalten individuelle Vertragsunterlagen sowie interne Daten, beispielsweise zur Risikobewertung.

- Der Communications Ledger dient zur Kommunikation von Statusänderungen zwischen den Private Ledgers. Dabei können jeweils nur die betroffenen Parteien die Details der Zustandsänderungen lesen.

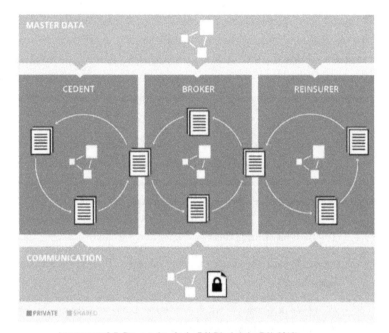

ABBILDUNG 2.7: Datenstruktur in der B3i-Blockchain (B3i, 2018)

2.5.3 Axa Fizzy

Das Versicherungsprodukt Fizzy von Axa greift das Konzept von Etherisc auf und bietet eine parametrische Versicherung gegen Flugverspätungen an.[19] Aktuell (März 2018) befindet sich das Produkt noch in einer Betaphase, weshalb die Versicherung ausschließlich für Flugverbindungen zwischen dem Flughafen Paris Charles de Gaulle und den Vereinigten Staaten angeboten wird. Die Erweiterung des Angebotes auf weltweite Flugverbindungen ist für das Jahr 2018 geplant (vgl. AXA, 2017b). Neben der parametrischen Flugversicherung bietet AXA parametrische Versicherungen in 28 Ländern an, darunter beispielsweise gegen Ernteausfall in Afrika oder Mindererträge von Wind- und Photovoltaikanlagen. Die Schadenregulierung erfolgt dabei auf Grundlage von Wetterdaten (vgl. AXA, 2017a).

Nachdem in diesem Kapitel die Grundlagen der Blockchain-Technologie erläutert und einige bestehende Produkte die darauf basieren vorgestellt wurden, wird auf dieser Grundlage im folgenden Abschnitt der Anforderungskatalog für Smart Contracts entwickelt.

---

[19]https://fizzy.axa/

Kapitel 3

Anforderungen an Smart Contracts für Versicherungsprodukte

In diesem Kapitel werden die Anforderungen an Smart Contracts definiert, die diese erfüllen müssen, damit sie für komplexe Versicherungsprodukte eingesetzt und im Wettbewerb mit klassischen Versicherungsprodukten bestehen können. Hierfür wird als Werkzeug die SWOT-Analyse verwendet, die im Folgenden kurz vorgestellt wird.

3.1 SWOT-Analyse

3.1.1 Hintergrund

Die SWOT-Analyse ist ein Werkzeug zur Ableitung von Strategien aus den wichtigsten Umfeldfaktoren und den eigenen Fertigkeiten einer Organisation. Aus den wichtigsten positiven und negativen Umfeldfaktoren, hier als Chancen und Risiken (**O**pportunities and **T**hreats) bezeichnet, werden kombiniert mit den Stärken und Schwächen (**S**trengths and **W**eaknesses) der eigenen Organisation Strategien abgeleitet. Dabei handelt es sich um ein bewährtes strategisches Instrument, das seit vielen Jahren in der strategischen Unternehmensführung, aber auch außerhalb vom Kontext konkreter Unternehmen eingesetzt wird.[1] Aus der Betrachtung der internen und externen Faktoren ergibt sich eine Strategiematrix, für die Normstrategien bestehen (vgl.

---

[1] Vgl. auch (Arslan und Er, 2008), (Berger, 2016)

31

Bamberger und Wrona, 2013, S. 381). Kritikpunkte an der SWOT-Analyse sind, dass die betrachteten Faktoren zu oberflächlich analysiert werden und die abgeleiteten Strategien nicht konsequent umgesetzt werden(vgl. Hill und Westbrook, 1997). Dennoch bietet die SWOT-Analyse ein gutes Gerüst, um strategische Fragen strukturiert zu beantworten (vgl. Wheelen u. a., 2015, S. 198), weshalb sie für die vorliegende Arbeit als Werkzeug ausgewählt wurde.

Die SWOT-Analyse bewertet relative Faktoren, das bedeutet, dass sie komparativ durchgeführt werden muss durch Betrachtung der relevanten Faktoren im Vergleich zu den bestehenden Wettbewerbern. In diesem Fall besteht der Wettbewerb aus der klassischen Vertragsgestaltung und -abwicklung im Versicherungsmarkt. Eine Quantifizierung der internen und externen Faktoren ist möglich, z.b. mittels der Scoring-Modelle EFAS, IFAS und SFAS (External, Internal, bzw. Strategic Factors Analysis Summary) (vgl. Wheelen u. a., 2015, S. 198) oder dem A'WOT Hybridmodell (vgl. Kajanus u. a., 2004). Diese Arbeit stellt keine Quantifizierung an, weil keine empirischen Daten dafür verfügbar sind.

3.1.2 Chancen und Risiken

Für die Umfeldbetrachtung der SWOT-Analyse bestehen verschiedene Modelle bzw. Bezeichnungen wie PEST (Political, Economic, Socio-Cultural, Technological), STEEP (PEST + Ethics) oder PESTEL(PEST + Environmental + Legal), die im Kern das gleich Ziel haben, die für die Analyse relevanten externen Faktoren zu benennen (vgl. Johnson u. a., 2011, S. 80ff.). Für die vorliegende Fragestellung wird das PESTEL-Modell gewählt, da dieses einen sehr umfassenden Blick ermöglicht und mit den rechtlichen Faktoren einen Bereich beinhaltet, der für Smart Contracts erhebliche Bedeutung hat.

3.1.2.1 Politische Faktoren

Derzeit bestehen noch einige Unklarheiten, was den rechtlichen Rahmen der DLT angeht (siehe unten). Ein wesentlicher Einflussfaktor ist daher, wie die Politik mit diesen Unsicherheiten umgehen wird. Die beiden extremen Positionen sind dabei auf der einen Seite die vollständige Ablehnung bzw. ein Verbot der DLT und auf der anderen Seite die vollständige Unterstützung dieser Technologie mit dem Ziel, ideale Rahmenbedingungen dafür zu schaffen.

Beide Extrempositionen erscheinen unwahrscheinlich, da ein vollständiges Verbot der Blockchain-Technologie technisch kaum umsetzbar und in Anbetracht des Marktes, der mittlerweile mit der

DLT verbunden ist, wirtschaftlich nicht sinnvoll wäre. Auf der anderen Seite zeigen die bei der BaFin und innerhalb der Finanzindustrie existierenden Vorbehalte gegen die Eignung der DLT für Finanzanwendungen, dass diese Technologie dort noch nicht voll akzeptiert wird.[2]

Es ist deshalb davon auszugehen, dass die Politik zwar klare Regeln schaffen wird für den Umgang mit der Blockchain-Technologie, hierbei aber auch Grenzen aufgezeigt werden, die für die Verbreitung der Technologie nicht nur vorteilhaft sein werden. So ist es unrealistisch davon auszugehen, dass die geltenden Regeln zum Datenschutz zu Gunsten der Blockchain-Technologie aufgeweicht werden.

Dass die Politik in der Blockchain-Technologie Potential sieht und den Handlungsbedarf für klare Rahmenbedingungen erkannt hat, geht aus dem Koalitionsvertrag von CDU, CSU und SPD hervor. Dieser sieht vor, eine umfassende Blockchain-Strategie zu entwickeln, um das Potential der DLT zu erschließen und Missbrauchsmöglichkeiten zu verhindern. Dafür soll die DLT in der Bundesregierung erprobt werden (vgl. CDU, 2018, S. 45).

3.1.2.2 Ökonomische Faktoren

Der massive Kursanstieg der wichtigsten Kryptowährungen im Jahr 2017 hat die Blockchain-Technologie in den Fokus der medialen Berichterstattung gerückt. Die gesteigerte öffentliche Aufmerksamkeit kann einerseits dabei helfen, die Blockchain-Technologie durch den zunehmenden Bekanntheitsgrad auch für Anwendungen außerhalb von Kryptowährungen marktfähig zu machen. Andererseits kann das öffentliche Interesse an der Blockchain-Technologie aber auch in Abneigung umschlagen, falls es zu einem gravierenden Kurseinbruch der Kryptowährungen kommen sollte. Durch die extremen Kursanstiege gelten diese schon jetzt als sehr spekulatives und riskantes Investment. Bei den derzeit starken Schwankungen des Ethereum/Euro-Wechselkurses bestehen Wechselkursrisiken, die bei langfristigen Ethereum-basierten Versicherungen berücksichtigt werden müssen, wenn die zu versichernden Sachen einen Gegenwert in Euro haben.

Ein weiterer Einflussfaktor ist die Geschäftsentwicklung innerhalb der Versicherungsbranche, die in Anhang A tabellarisch dargestellt ist. Der Sachversicherungsmarkt in Deutschland ist relativ gesättigt, was an dem geringen Beitragswachstum erkennbar ist. Das vorhandene Beitragswachstum findet hauptsächlich über Beitragserhöhungen statt, da die Veränderung auf der

---

[2]Vgl. dazu Abschnitt rechtliche Faktoren in diesem Kapitel.

Beitragsseite über der Veränderung der bestehenden Verträge liegt. Eine Folge der niedrigen Wachstumsraten im Versicherungsmarkt ist eine Konsolidierung des Marktes, die dazu führt, dass die Anzahl der Versicherungsunternehmen in Deutschland leicht rückläufig ist.

Durch das niedrige Marktwachstum findet ein Verdrängungswettbewerb statt, der zu einem starken Preis- und Kostendruck führt. Der Kostendruck äußert sich durch einen konstanten Personalabbau innerhalb der Versicherungsbranche; obwohl die Beitragseinnahmen seit dem Jahr 2000 um fast 50% gewachsen sind, stagniert die Anzahl der Beschäftigten im Innendienst innerhalb dieses Zeitraumes. Die Anzahl der Selbstständigen Versicherungsvermittler ist seit 2010 um knapp 15% gesunken.

Der bestehende Wettbewerb führt dazu, dass trotz der kontinuierlichen Einsparungsmaßnahmen der Versicherer Schaden-Kosten-Quoten (Combined-Ratios) erzielt werden, die in einigen Sparten sowie im Durchschnitt der gesamten Sachversicherungsbranche über 100% liegen. Die Kostenquote liegt dabei für die gesamte Sachversicherungsbranche durchschnittlich bei 26,7% (vgl. Anhang A).

Die IT der Versicherer hat dabei in der Sachversicherung einen Kostenanteil von durchschnittlich 3,5% gemessen am Gesamtumsatz. Je Vertrag liegen die Kosten in der Sachversicherung abhängig von der Art des Risikos und Größe des Versicherungsunternehmens zwischen sieben und zehn Euro pro Jahr (vgl. GDV, 2016a, S. 10, 33).

3.1.2.3 Soziokulturelle Faktoren

Neben den rein technischen und finanziellen Aspekten einer Versicherung auf Basis von Smart Contracts spielen für deren Akzeptanz in Bezug auf Versicherungsanwendungen auch Soziokulturelle Faktoren eine Rolle, die das Kaufverhalten der potentiellen Kunden beeinflussen. Ein wesentlicher Faktor im Versicherungsmarkt ist dabei der Vertriebskanal. Während Versicherungen früher entweder durch Ausschließlichkeitsvertreter oder durch Makler, aber immer über einen Vermittler abgeschlossen wurden, öffnet sich dieser Markt im Zuge der Digitalisierung um weitere Möglichkeiten, wie den Abschluss von Direktversicherungen über das Internet oder Vergleichsportale, die günstige Konditionen ermitteln. Trotz des steigenden Marktanteils digitaler und direkter Vertriebswege verfügen die klassischen Vertriebswege inklusive persönlicher Beratung immer noch über einen Marktanteil von über 80%, der Direktvertrieb kommt dagegen auf 13,5% (vgl. Abbildung 3.1).

Schaden/Unfall¹

| | Einfirmen- vermittler | Mehrfach- vertreter | Makler | Kredit- institute | Direkt- vertriebe² | Sonstige |

1 Sach-, Unfall-, Haftpflicht-, Kraftfahrt- und Rechtsschutzversicherung
2 inklusiv Vergleichsportale

ABBILDUNG 3.1: Vertriebswege von Versicherungen 2015 (GDV, 2015b)

Die Bereitschaft oder gar Präferenz der Kunden für digitale Versicherungsprodukte ist dabei laut Capgemini (2017) daran geknüpft, wie wohl sich die Kunden im Umgang mit Computern fühlen. Da die Computererfahrung bei jüngeren Kunden besser ausgeprägt ist, besteht ein Altersgefälle bei der Präferenz von digitalen Produkten. Gleichzeitig ist davon auszugehen, dass der Anteil der Kunden steigen wird, die digitale Produkte bevorzugen, da einerseits der Anteil der Bevölkerung mit Computererfahrung generell zunimmt, und andererseits dieses Kundenverhalten zusätzlich auf die weniger computeraffinen Kunden abfärbt. Diese Entwicklung wird begleitet von einer wachsenden Anzahl von Versicherungsprodukten, die ausschließlich über das Internet oder Apps vertrieben werden.

3.1.2.4 Technologische Faktoren

Der Nutzen von Smart Contracts ist auch an die Effizienz der zugrundeliegenden Blockchain geknüpft. Ethereum verfügt hier derzeit über zwei wesentliche Schwachpunkte: Zum einen ist die Transaktionsrate des Netzwerkes im Vergleich zu bestehenden, zentralen Zahlungsnetzwerken sehr gering. Dies kann zum Anstieg der Kosten und Verarbeitungsdauer von Transaktionen führen, wenn das Netzwerk stark ausgelastet ist. Zum anderen ist das PoW-Verfahren sehr rechen- und energieintensiv, was die zuvor genannte niedrige Transaktionsrate des Netzwerkes mitbegründet. Hierfür bestehen allerdings Lösungsansätze auf der technischen Ebene.

So wird zum einen das PoW-Verfahren durch das PoS-Verfahren (siehe Abschnitt 2.3.5) ersetzt, da hierfür deutlich weniger Rechen- und Energieaufwand notwendig ist. Derzeit wird von der Ethereum Foundation ein hybrider Konsensmechanismus aus PoW und PoS erprobt, langfristig soll der Wechsel zu einem reinen PoS-Verfahren vollzogen werden (vgl. McCallum, 2018).

Zum anderen soll die Transaktionskapazität von Ethereum zukünftig erhöht werden. Derzeit werden alle Informationen von allen Nodes geteilt und alle Berechnungen von allen Nodes durchgeführt. Die Kapazität von Ethereum wird daher von der Kapazität der Nodes begrenzt. Um die Transaktionskapazität des Netzwerks zu erhöhen, wird vorgeschlagen, das Netzwerk in sogenannte Shards aufzuteilen. Diese bestehen parallel zueinander und teilen das Netzwerk vollständig auf.

Transaktionen, die ausschließlich Accounts innerhalb eines Shards betreffen, können durch das Sharding parallel zueinander ausgeführt werden und werden von Knoten innerhalb der jeweiligen Shards verarbeitet. Dadurch wird die Transaktionskapazität des gesamten Netzwerkes erhöht. Das Sharding birgt allerdings die folgenden wesentlichen Herausforderungen (vgl. GitHub, 2018):

- Die Möglichkeit der Kommunikation zwischen den Shards muss in das Netzwerk integriert werden.

- 51%-Attacken auf Shards bieten die Möglichkeit, falsche Transaktionen im Netzwerk zu verifizieren und erfordern dabei eine geringere Rechenleistung als 51%-Attacken auf das gesamte Netzwerk; daher müssen sie unterbunden werden.

- Falls es dazu kommt, dass falsche Transaktionen innerhalb eines Shards verifiziert werden, muss eine Möglichkeit für den Rest des Netzwerkes bestehen, diese zu prüfen und gegebenenfalls abzulehnen.

Zur Shard-übergreifenden Kommunikation und Verifikation von Transaktionen aus den Shards wird die Verwendung unterschiedlicher Arten von Nodes vorgeschlagen, die hierarchisch geordnet sind. An der Spitze stehen dabei Nodes, die analog zur derzeitigen Netzwerkstruktur alle Transaktionen verifizieren und den Status des gesamten Netzwerkes verarbeiten. Dies setzt leistungsfähige Hardware voraus. Innerhalb der jeweiligen Shards arbeiten Shard-Nodes, deren Anforderungen an die Hardware denen heutiger Nodes entsprechen.

Um 51%-Angriffe auf einzelne Shards zu unterbinden, wird das sogenannte Sampling vorgeschlagen, bei dem die Shard-Nodes wechselnd zufällig aus der Gesamtheit der Nodes im Netzwerk ausgewählt werden. Da für einen Angreifer nicht vorhersehbar ist, welche Nodes zu Verifikation der Transaktionen eines Shards ausgewählt werden, ist prinzipiell die gleiche Rechenleistung für den Angriff eines Shards notwendig, wie für einen Angriff auf das ganze Netzwerk (vgl. GitHub, 2018). Sharding ist Gegenstand der Forschung und Entwicklung rund um Ethereum, allerdings besteht derzeit noch keine zuverlässige Aussage darüber, wann diese Technologie in der Blockchain implementiert werden kann.

Neben der im Vergleich zu herkömmlichen Datenbanksystemen geringen Performance ist ein weiterer möglicher Kritikpunkt an public permissionless Blockchains der mangelnde Datenschutz, weil prinzipbedingt alle Daten öffentlich einsehbar sind. Ein Forschungsansatz in diesem Zusammenhang sind Zero-Knowledge-Proofs, die es ermöglichen Transaktionen zu verifizieren, ohne Kenntnis über deren Inhalt zu haben. Derzeit bietet ZCash eine Kryptowährung, die diese Technologie anwendet und bietet den Nutzern damit im Vergleich zu normalen Bitcoin-Transaktionen, auf denen ZCash ebenfalls basiert, erhöhten Datenschutz.[3] Eine native Implementierung von Zero-Knowledge-Proofs in Ethereum ist derzeit aufgrund der Komplexität der damit verbundenen Rechenoperationen und den daraus resultierenden Gaskosten nicht möglich. Stattdessen arbeiten die Entwickler von Ethereum und ZCash daran, beide Plattformen kompatibel zueinander zu machen, um die rechenintensiven Teile der Zero-Knowledge-Proofs außerhalb der Ethereum-Plattform durchzuführen. Ein Proof of Concept dazu besteht bereits (vgl. Reitwiessner, 2017).

Ein weiterer Faktor ist die Entwicklung der DLT unabhängig von den in dieser Arbeit betrachteten Blockchains. Einen vielversprechenden Ansatz stellen dabei Blockchains auf Basis von gerichteten azyklischen Graphen dar, die die Transaktionshistorie nicht innerhalb von Blöcken, sondern in Form eines fortlaufenden Graphen beschreiben. Dies hat den Vorteil, dass keine Transaktionskosten entstehen und die Transaktionskapazität mit steigender Zahl an Netzwerkteilnehmern zunimmt.[4]

Neben den technologischen Entwicklungen innerhalb der DLT sind allerdings auch die Entwicklungen in der Dunkelverarbeitung [5] von Versicherungsverträgen, die nicht auf DLT basieren, ein wesentlicher Einflussfaktor, da diese eine direkte Konkurrenz zur DLT darstellen in Bezug auf Kostensenkungspotentiale. Die Versicherungsbranche ist dabei seit Jahren bemüht, den Anteil der Dunkelverarbeitung an den Geschäftsvorgängen auszubauen, weil sich hierdurch vor allem Personal einsparen lässt.

---

[3]ZCash Website: https://z.cash/
[4]Ein konkretes Beispiel für DAG-basierte Blockchains ist IOTA: https://iota.org/
[5]Dunkelverarbeitung bezeichnet vollständig automatisierte Prozesse, die ohne menschliches Eingreifen ablaufen (vgl. GDV, 2016a, S. 81).

Im Bereich der klassischen Versicherungsprodukte erfolgt dies zum einen über Digitalisierung von bisher „analogen" Geschäftsvorgängen wie die vollautomatische Bearbeitung von Schriftstücken und geht bis zum maschinellen Lesen von Schriftstücken und Regulieren von Schäden durch den Einsatz von KI-Systemen wie IBMs Watson.[6] Neben der Digitalisierung der Prozesse werden hierfür auch Änderungen an den Versicherungsprodukten hin zu standardisierten, modularen Konzepten vorgenommen, damit diese besser automatisch verarbeitet werden können.[7]

3.1.2.5 Ökologische Faktoren

Ein ökologischer Einflussfaktor ist der hohe Energieverbrauch von PoW-basierten Blockchains, da hierfür erheblicher Rechenaufwand betrieben werden muss. Der genaue Strombedarf einer Blockchain kann aufgrund des dezentralen Minings zwar nicht beziffert werden, Schätzungen liegen aber beispielsweise für Bitcoin bei einem Stromverbrauch im zweistelligen Terawattstunden-Bereich für das Jahr 2018 (vgl. Brenneis, 2018). Der hohe Energieverbrauch von Kryptowährungen stellt einen Kritikpunkt dar, der das Image dieser Technologie schädigen kann (vgl. Thiele, 2018).

3.1.2.6 Rechtliche Faktoren

Die Versicherungsbranche ist im Vergleich zu anderen Industrien in Deutschland stark reguliert, so dass für Versicherungsprodukte umfangreiche gesetzliche Vorgaben bestehen. Im Folgenden werden nur die Aspekte daraus betrachtet, die für Smart Contracts relevant sind. Dabei wird vorausgesetzt, dass eine Erlaubnis zum Versicherungsbetrieb nach §8 Versicherungsaufsichtsgesetz (VAG) vorliegt.

Versicherungsaufsichtsgesetz

Das VAG regelt rechtliche Rahmenbedingungen zum Betrieb eines Versicherungsunternehmens in Deutschland sowie die Beaufsichtigung durch die Bundesanstalt für Finanzdienstleistungsaufsicht (BaFin). Es setzt außerdem die einheitliche Regelung zur Aufnahme und Ausübung von Versicherungstätigkeiten in Europa, Solvency II, in nationales Recht um (vgl. BaFin, 2017b).

---

[6]Vgl. auch: „Versicherer ersetzt zahlreiche Mitarbeiter durch künstliche Intelligenz", Frankfurter Allgemeine Zeitung, Artikel vom 05.01.2017, online Verfügbar unter http://www.faz.net/aktuell/wirtschaft/japan-versicherer-ersetzt-mitarbeiter-durch-ki-ibm-watson-14605854.html

[7]Vgl. auch: Allianz-Firmenkonzept, Ein Versicherungskonzept für kleine Unternehmen, was mit hoher Individualisierbarkeit wirbt. Diese wird durch die Zusammensetzung des Produktes aus mehreren Standardmodulen erreicht, die jeweils dunkel verarbeitet werden können. Siehe https://www.allianz.de/business/firmenkonzept/

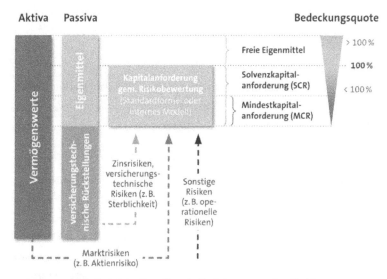

ABBILDUNG 3.2: Vereinfachte Darstellung der Kapitalausstattung eines Versicherungsunternehmens (GDV, 2015a)

§97 des VAG enthält Vorgaben zum Solvenzkapital,[8] welches aus Eigenkapital besteht, das über die versicherungstechnischen Rücklagen hinaus von Versicherungsunternehmen vorgehalten werden muss, um unerwartete Verluste abzudecken (vgl. Abbildung 3.2).

Das Solvenzkapital muss dabei so bemessen sein, dass es mit einer Wahrscheinlichkeit von 99,5% höher ist als innerhalb eines Jahres unerwartet auftretende Verluste. Neben den versicherungstechnischen, Markt- und Kapitalrisiken fallen unter die Bereiche, die für die Berechnung berücksichtigt werden müssen, auch operationelle Risiken und darin enthalten rechtliche Risiken des Versicherungsunternehmens, nicht jedoch Reputationsrisiken oder Risiken aus strategischen Entscheidungen. Rechtliche Risiken aus der Verwendung von Smart Contracts fließen damit direkt in das Solvenzkapital ein.

Zur Berechnung des operationellen Risikos kann eine Szenarienanalyse durchgeführt werden, bei der verschiedene mögliche Verlustereignisse nach ihrer Höhe und Eintrittswahrscheinlichkeit bewertet werden (vgl. Allianz SE, 2017, S. 65). Die Kapitalanforderung für rechtliche Risiken sollte möglichst gering gehalten werden, da die Kapitalanforderung für die Sammelposition

---

[8]Die Bezeichnung im VAG lautet Solvabilitätskapital, der Gesamtverband der deutschen Versicherungswirtschaft (GDV) wählt die Bezeichnung Solvenzkapital. In dieser Arbeit wird die Bezeichnung Solvenzkapital des GDV verwendet.

des operationellen Risikos 30% der Basissolvenzkapitalanforderung im Standardmodell nicht übersteigen darf.[9]

Versicherungsvertragsgesetz

Das Versicherungsvertragsgesetz (VVG) regelt die Rechte und Pflichten von Versicherungsnehmern und Versicherungen, sowie Versicherungsvermittlern. Im Zusammenhang mit Smart Contracts sind dabei die folgenden Regelungen relevant:

Beratungspflicht

Die Beratungspflicht des Versicherers gegenüber dem Versicherungsnehmer ist in §6 des VVG geregelt. Hiernach muss der Versicherer den Versicherungsnehmer nach seinen Wünschen und Bedürfnissen fragen und entsprechend beraten. Die Beratung soll im Verhältnis zu der zu zahlenden Prämie angemessen sein und ist schriftlich zu dokumentieren. Die Beratung ist grundsätzlich verpflichtend, außer der Versicherungsnehmer erklärt schriftlich, dass er keine Beratung wünscht oder wenn es sich bei der abzuschließenden Versicherung um einen Fernabsatzvertrag gemäß §312c BGB handelt. Hierunter fallen Versicherungen, die direkt beim Versicherer über das Internet abgeschlossen werden, und somit auch Smart-Contract-basierte Versicherungen.

Informationspflicht

Vor Abschluss der Versicherung müssen dem Versicherungsnehmer alle relevanten Unterlagen zur Verfügung gestellt werden (§7 VVG). Dazu gehören die Vertragsbestimmungen (Preis, Leistungen und Ausschlüsse) der Versicherung, die Allgemeinen Versicherungsbedingungen (AVB), sowie eine Belehrung über die Kündigungs- und Widerrufsmöglichkeiten. Eine vollständige Liste der Informationen, die der Versicherer zur Verfügung stellen muss, ist in §1 der Verordnung über Informationspflichten bei Versicherungsverträgen (VVG-InfoV) enthalten (vgl. auch B). Wenn der Versicherungsnehmer auf die Information vor Vertragsschluss mit gesonderter Erklärung verzichtet, kann diese auch mit Vertragsschluss nachgeholt werden.

Verbrauchern im Sinne des §13 BGB muss zusätzlich ein Produktinformationsblatt (PIB) ausgehändigt werden, auf dem die wichtigsten Informationen zur Versicherung verständlich und kurz zusammengefasst werden. Der vollständige Inhalt des PIB wird in §4 VVG-InfoV vorgegeben. Die Informationen sind dem Versicherungsnehmer in Textform auf einem geeigneten Medium zur Verfügung zu stellen. Laut BaFin (2017c) ist noch nicht abschließend geklärt, ob

---

[9]Die Allianz SE muss beispielsweise Solvency Requirement Capital in Höhe von 35,6 Mrd. EUR vorhalten, wovon ca. 3,9 Mrd. EUR bzw. ca. 11% durch operationelle Risiken begründet sind (vgl. Allianz SE, 2017, S. 54).

die Bereitstellung der Vertragsinformationen und AVBs auf einer Internetseite des Versicherers den Anforderungen an die Textform genügt. Sofern die Unterlagen vom Versicherungsnehmer heruntergeladen und gespeichert werden können, wird dies aber von der BaFin als ausreichend betrachtet.

Widerruf

Nach Abschluss eines Versicherungsvertrages hat der Versicherungsnehmer gemäß §8 VVG ein 14-tägiges Widerrufsrecht. Dieses beginnt mit dem Zeitpunkt an dem Versicherungsschein, Vertragsbestimmungen, AVB und Widerrufsbelehrung in Textform beim Versicherungsnehmer vorliegen. Der Widerruf muss nicht begründet werden.

Kündigungsmodalitäten

Versicherungen mit einer festen Laufzeit und automatischem Ende bedürfen keiner Kündigung, alternativ können Versicherung auch mit einjähriger Laufzeit geschlossen werden, die sich automatisch verlängert, wenn der Vertrag nicht spätestens drei Monate vor Ablauf gekündigt wird (§11 VVG).

Von den hier genannten Bestimmungen darf gemäß §18 VVG nicht zum Nachteil des Versicherungsnehmers abgewichen werden, daher sind diese auch für eine Smart Contract-basierte Versicherung verbindlich. Daneben sieht das VVG in der Sachversicherung auch ein Kündigungsrecht nach dem Schadenfall und nach Veräußerung der versicherten Sache vor, hierzu können jedoch abweichende Vereinbarungen getroffen werden. Abreden, die eine Schlechterstellung im Vergleich zu VVG darstellen, könnten von den Kunden im Vergleich mit bestehenden Versicherungsprodukten auf Basis des VVG jedoch als Nachteil ausgelegt werden.

Bundesanstalt für Finanzdienstleistungsaufsicht

Zwar hat die BaFin als Hauptaufgabe das ordnungsmäßige Funktionieren des Finanzmarktes im Interesse der Allgemeinheit sicherzustellen, inzwischen ist jedoch der Verbraucherschutz immer wichtiger geworden. Dazu gehört der Schutz der Versicherungsnehmer (§294 VAG), wofür auch Versicherungsbedingungen überprüft werden können, z.B. auf Erfüllung des Transparenzgebotes des §307 BGB, der eine Benachteiligung des Verbrauchers unter anderem durch unklare oder unverständliche Allgemeine Geschäftsbedingungen ausschließt (vgl. BaFin, 2006). Dabei verfügt die BaFin über weitreichende Mittel um Missstände zu beseitigen, die die Belange von Versicherten gefährden. Diese reichen vom Verlangen von Änderungen am Geschäftsplan der betroffenen Versicherungsgesellschaft bis zum Widerruf der Geschäftserlaubnis (§298ff VAG).

Die BaFin wirft im Zusammenhang mit Smart Contracts und der zugrundeliegenden Blockchain-Technologie eine Reihe von Fragen auf, die zum gegenwärtigen Zeitpunkt noch nicht geklärt sind und somit zu Unsicherheit führen im Umgang mit Smart Contracts (vgl. BaFin, 2017a):

- Werden Smart Contracts vor Gericht als rechtlich bindend anerkannt?

- Soll eine Möglichkeit bestehen, den Vertragsinhalt eines Smart Contracts traditionell durchzusetzen, falls die nicht-traditionelle Durchsetzung aufgrund eines Fehlers im Smart Contract falsch oder gar nicht ausgeführt wird?

- Inwieweit sind in Smart Contracts hinterlegte Vertragsbedingungen für Verbraucher verständlich?

- Wie kann der Schutz sensibler Daten gewährleistet werden, wenn alle Daten und Transaktionen innerhalb der Blockchain für alle Teilnehmer transparent sind?

- Können die derzeit geltenden regulatorischen Anforderungen an Versicherungsunternehmen durch den Einsatz von Blockchain-Technologie erfüllt werden?

- Wie kann gewährleistet werden, dass trotz Fehlen einer zentralen Instanz Ansprüche innerhalb der Blockchain durchgesetzt werden?

Aufgrund der vielfältigen Anwendungsmöglichkeiten und der fortlaufenden Weiterentwicklung der DLT kann derzeit kein pauschales Urteil über die Eignung der DLT im Kontext von Versicherungsanwendungen abgegeben werden. Als ein möglicher Schritt hin zur Schaffung von klaren rechtlichen und regulatorischen Rahmenbedingungen nennt die BaFin die Verabschiedung von verbindlichen Standards für den Austausch von relevanten (Schadenfall)Daten. Trotz der genannten Unklarheiten besteht kein grundsätzliches Anwendungsverbot der DLT und Smart Contracts im Bereich von aufsichtspflichtigen Tätigkeiten. Entscheidungen werden stattdessen bezogen auf den konkreten Anwendungsfall getroffen (vgl. BaFin, 2017a).

Kreditwesengesetz

In Deutschland gelten Bitcoins als Rechnungseinheiten gemäß §1 Abs. 11 Satz 1 Kreditwesengesetz (KWG) und sind damit rechtlich verbindlich als Finanzinstrumente eingestuft. Diese Einordnung gilt grundsätzlich für alle Kryptowährungen, unabhängig von zugrundeliegender Software und Verschlüsselungsverfahren, und somit auch für Ethereum (vgl. BaFin, 2016). Da

Hyperledger keine native Währung enthält, findet die Behandlung als virtuelle Währung nach dem KWG hier keine Anwendung.

Die bloße Nutzung von Kryptowährungen als Ersatz für Bar- und Buchgeld zur Teilnahme am Wirtschaftskreislauf ist keine erlaubnispflichtige Tätigkeit, dies gilt nicht nur für Firmen sondern auch für Verbraucher. Mining von Kryptowährungen ist an sich ebenfalls nicht erlaubnispflichtig. Der Betrieb von Plattformen oder Börsen ist dagegen erlaubnispflichtig und führt dazu, dass der Betreiber als Finanzdienstleistungsinstitut im Sinne des KWG gilt, was eine Erlaubnis der BaFin erfordert und deren Aufsicht unterliegt (vgl. BaFin, 2016).

Datenschutz

Der GDV hat Verhaltensregeln für den Umgang mit personenbezogenen Daten veröffentlicht („Code of Conduct", im Folgenden CoC), die im Einklang mit den Vorschriften des Bundesdatenschutzgesetztes (BDSG) konkrete Vorgaben für die Umsetzung des Datenschutzes innerhalb der Versicherungsbranche machen und einen Standard im Umgang mit personenbezogenen Daten schaffen. Der Beitritt zum CoC ist nicht zwingend. Versicherungsunternehmen, die dem CoC beitreten, verpflichten sich allerdings zu dessen Einhaltung. Ende 2017 sind 95% der Versicherungsunternehmen in Deutschland, gemessen am Marktanteil, dem CoC beigetreten, wodurch dieser als Standard für den Datenschutz in der Versicherungsbranche betrachtet werden kann (vgl. GDV, 2013).

Die Verhaltensregeln enthalten die folgenden Grundsätze der Datensicherheit (vgl. GDV, 2012, Art. 4):

1. Vertraulichkeit: Daten können nur von Befugten zur Kenntnis genommen werden.

2. Integrität: Daten bleiben während der Verarbeitung unversehrt, vollständig und aktuell.

3. Verfügbarkeit: Daten werden zeitgerecht zur Verfügung gestellt.

4. Authentizität: Daten können jederzeit ihrem Ursprung zugeordnet werden.

5. Revisionsfähigkeit: Es wird dokumentiert, wer wann welche Daten in welcher Weise verarbeitet hat.

6. Transparenz: Die Dokumentation erfolgt vollständig, aktuell und in einer Art und Weise, dass sie in zumutbarer Zeit nachvollzogen werden kann.

Das BDSG betont dabei ausdrücklich, dass die Verwendung von dem Stand der Technik entsprechenden Verschlüsselungsverfahren eine Maßnahme sein kann, um die Vertraulichkeit der Daten zu gewährleisten.[10]

Beigetretene Unternehmen müssen Maßnahmen treffen, die geeignet sind, die Einhaltung der genannten Grundsätze zu gewährleisten. Daneben fordert das BDSG lediglich Datenschutzmaßnahmen, deren Aufwand in einem angemessenen Verhältnis zum angestrebten Schutzzweck steht (§9 BDSG). Eine Schadenersatzpflicht für unzulässige oder unrichtige Erhebung, Verarbeitung oder Nutzung von personenbezogenen Daten besteht nur dann, wenn die verantwortliche Stelle die gebotene Sorgfalt im Umgang mit den Daten missachtet hat (§7 BDSG). Schon einfache Transaktionen einer Kryptowährung enthalten per Definition sensible Daten, deshalb ist die Beachtung der geltenden Datenschutzbestimmungen in jedem Fall notwendig im Zusammenhang mit Blockchain-Anwendungen (vgl. Pesch und Böhme, 2017).

Mit Beschluss vom 27.04.2016 hat das Europäische Parlament die Datenschutz-Grundverordnung (DSGVO) erlassen, die das Ziel hat, die Datenschutzbestimmungen innerhalb der Europäischen Union zu vereinheitlichen und im Mai 2018 in Kraft tritt. Sie beinhaltet unter anderem das Recht auf Löschung sensibler Daten („Recht auf Vergessenwerden") (§17 DSGVO), welches Betroffene berechtigt, unter bestimmten Voraussetzungen die Löschung der eigenen Daten zu verlangen. Eine der Voraussetzungen ist dabei, dass die Daten nicht mehr benötigt werden.

Dies stellt eine Verschärfung der bis dato in Deutschland geltenden Datenschutzbestimmungen dar, die es erlaubte, sensible Daten auch dann noch zu speichern, wenn eine Löschung nicht oder nur unter unverhältnismäßig hohem Aufwand möglich wäre. Dies trifft auch für Daten zu, die in der Blockchain gespeichert sind, da diese grundsätzlich nicht gelöscht werden können (§35 BDSG).

Der GDV hat sich nach der Veröffentlichung der DSGVO dafür ausgesprochen, bei der Umsetzung der DSGVO in einigen Punkten von der EU gestattete Öffnungsklauseln zu formulieren, welche die Vorgaben der DSGVO zugunsten besserer Praxistauglichkeit etwas abschwächt. Dazu gehört die Übernahme der bisherigen Regelung, bei der das Recht auf Datenlöschung in Ausnahmefällen in ein Verbot der Weiterverwendung der sensiblen Daten geändert wird (vgl. GDV, 2016b).

---

[10]Im Wortlaut unterscheiden sich die Grundsätze des BDSG von denen des GDV (Vgl. Anlage zu §9 Satz 1 BDSG)

Das Datenschutz-Anpassungs- und -Umsetzungsgesetz EU vom 30.06.2017 (DSAnpUG-EU), mit dem die Verordnung in deutsches Recht überführt wird, enthält eine entsprechende Öffnungsklausel, die es analog zum bestehenden BDSG erlaubt, Daten anstatt sie zu löschen, nicht weiter zu verwenden, wenn eine Löschung nicht oder nur unter unverhältnismäßig hohem Aufwand möglich ist (§35 DSAnpUG-EU). Die fehlende Möglichkeit der Löschung von Daten ist demnach auch unter der neuen DSGVO kein Ausschlusskriterium für die Verwendung von Blockchains im Zusammenhang mit Versicherungsprodukten.

Die DSGVO erfordert auch eine Überarbeitung des Datenschutz-CoC des GDV und dessen erneute Abstimmung mit der Datenschutzbehörde (vgl. GDV, 2013). Da sich der GDV für die Einschränkung des Rechtes auf Datenlöschung eingesetzt hat, ist nicht davon auszugehen, dass dieses durch den CoC eingeschränkt wird. Inwieweit sich aus dem überarbeiteten CoC andere Verschärfungen der geltenden Datenschutzbestimmungen ergeben, ist zum gegenwärtigen Zeitpunkt aber noch nicht abzusehen.

Vermeidung von Geldwäsche und Terrorismusfinanzierung

Das derzeit geltende Geldwäschegesetz (GwG) schreibt besondere Sorgfaltspflichten zur Verhinderung von Geldwäsche und Terrorismusfinanzierung für Versicherer vor, die Lebensversicherungen, Unfallversicherungen mit Beitragsrückgewähr sowie Darlehen anbieten (§2 Nr. 7 GwG). Ebenso gilt das GwG für Finanzdienstleistungsinstitute, worunter auch Unternehmen fallen, die als Börse für Kryptowährungen agieren (§2 Nr. 2 GwG). Sofern es sich bei einer Blockchain-basierten Versicherung um eine reine Sachversicherung handelt und neben der Nutzung als Zahlungsmittel keine weiteren Finanzdienstleistungen durch eine ggf. vorhandene Kryptowährung getätigt werden, sind keine besonderen Auflagen im Rahmen des GwG zu beachten.

Weitere Faktoren

Ein weiterer rechtlicher Faktor ist die Rechtslage innerhalb der EU, weil diese auch den deutschen Markt beeinflusst, indem Unternehmen mit Sitz innerhalb der EU ihre Versicherungsprodukte im Rahmen der Dienstleistungsfreiheit in Deutschland anbieten dürfen. So hat Etherisc Großbritannien aufgrund günstiger Standortfaktoren als ersten Standort zur Beantragung einer eigenen Versicherungslizenz gewählt. Damit ist der Brexit ein Faktor, der die zukünftige Regulierung von Blockchain-basierten Versicherungen beeinflusst (vgl. Etherisc Blog, 2017).

Eine detailliertere Betrachtung der unterschiedlichen rechtlichen Rahmenbedingungen für Versicherungen innerhalb der EU wird aufgrund der damit verbundenen Komplexität in der vorliegenden Arbeit nicht vorgenommen. Etwaige Standortvorteile in Bezug auf rechtliche Rahmenbedingungen in anderen EU-Staaten werden für den deutschen Markt dadurch relativiert, dass ausländische Versicherungsunternehmen in Deutschland ebenfalls von der BaFin beaufsichtigt werden (§294 VAG).

3.1.2.7 Zusammenfassung

Aus den zuvor genannten Umweltfaktoren lassen sich die in Tabelle 3.1 dargestellten Chancen und Risiken ableiten. Als Darstellungsform wird dabei das in Bamberger und Wrona (2013, S. 379) beschriebene Chancen-/Risiken-Profil verwendet. Nachdem zuvor die externen Einflussfaktoren betrachtet wurden, behandelt der folgende Abschnitt die internen Faktoren der SWOT-Analyse.

	Political / Politisch	Economical / Ökonomisch	Socio-Cultural / Soziokulturell	Technological / Technologisch	Ecological / Ökologisch	Legal / Rechtlich
Umweltfaktoren	Umgang der Politik mit DLT	Starke Kursschwankungen der Kryptowährungen Potential für organischen Wachstum in neuen Markt und Produktsegmenten Hoher Wettbewerbs- und Kostendruck im Versicherungsmarkt	Weiterhin hohe Kundenpräferenz für klassische Vertriebswege Steigender Marktanteil des Onlinevertriebes	Entwicklungen der DLT Fortschritte in der nicht-DLT-basierten Digitalisierung	Ressourcenbedarf PoW-basierter DLTs	Geltende rechtliche Vorgaben zu Versicherungsprodukten und Datenschutz
Chancen		Erschließung durch Verwendung der DLT Kostenreduzierungen durch Verwendung der DLT	Kooperation mit klassischen Vertrieben Erschließung eines langfristigen Wachstumsmarktes	Leistungs- und Effizienzgewinne	Wechsel zu PoS-Mechanismus	
Risiken	Restriktive Gesetzgebung	Wechselkursrisiken	Reines Online-Produkt hat kleine potentielle Zielgruppe	Kein direkter Einfluss auf die Entwicklung Verringerung des potentieller Nutzens von Smart Contracts	Reputationsrisiko durch Verwendug umweltschädlicher Technologie	Gefahr von Sanktionen und Reputationsschäden bei Nichteinhaltung Unsicherheit in Bezug auf Rechtliche Rahmenbedingungen von Smart Contracts

TABELLE 3.1: Chancen-/Risikenprofil von Smart Contracts für Versicherungsanwendungen

3.1.3 Stärken und Schwächen

3.1.3.1 Vorgehensweise

Als Werkzeug zur Untersuchung der Stärken und Schwächen von Smart Contracts wird Porters Wertkette verwendet. Dabei handelt es sich um ein Werkzeug der strategischen Unternehmensführung, das in den 1980ern von Michael E. Porter entwickelt wurde. Das Konzept der Wertkette betrachtet die Gesamtheit der Prozesse innerhalb einer Organisation und unterteilt diese in einzelne Aktivitäten entlang des Produktionsprozesses. Porter hat dabei neun Standardkategorien definiert, die in Abbildung 3.3 als Wertkette dargestellt werden.

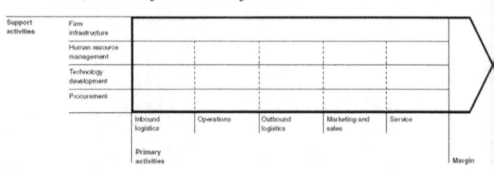

ABBILDUNG 3.3: Generische Wertkette von Porter (Porter und Millar, 1985, S. 3)

Die Aktivitäten werden dabei in primäre und unterstützende Aktivitäten unterteilt. Primäre Aktivitäten haben direkt mit der Erstellung des Produktes zu tun, sekundäre unterstützen dagegen die primären Aktivitäten. Zudem können Abhängigkeiten zwischen verschiedenen Aktivitäten bestehen. Dadurch erfordert die Optimierung einer Aktivität häufig Trade-offs auf Kosten anderer Aktivitäten. Zudem müssen die Aktivitäten untereinander koordiniert werden.

Das Wertkettenmodell wird im vorliegenden Fall eingesetzt, um die Stärken und Schwächen von Smart Contracts im Vergleich zur bestehenden Vertragsbearbeitung in der Versicherungsindustrie strukturiert zu untersuchen. Dafür wird zunächst eine spezialisierte Wertkette für Versicherungsunternehmen beschrieben, um dann für jede Wertschöpfungsstufe die Stärken und Schwächen von Smart Contracts gegenüber der klassischen Vertragsbearbeitung zu erarbeiten. Als Wertkette wird das in Abbildung 3.4 dargestellte Modell von Eling verwendet, das auf Porters Wertkette basiert und diese um die in Rahlfs und Döring (2007, S.169) beschriebenen individuellen Kernkompetenzen der Versicherungsindustrie ergänzt.

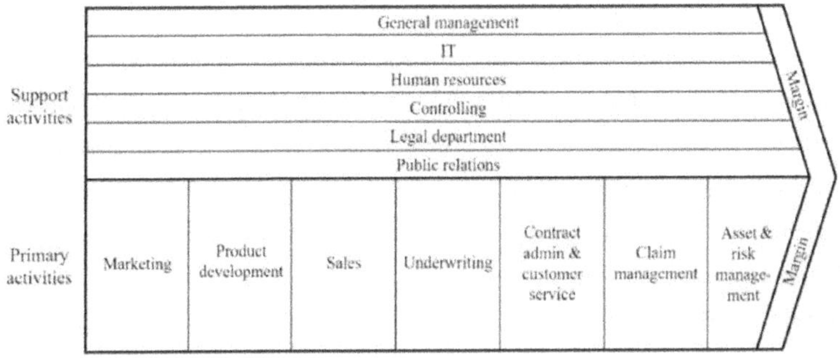

Support activities	General management							
	IT							
	Human resources							
	Controlling							
	Legal department							
	Public relations							
Primary activities	Marketing	Product development	Sales	Underwriting	Contract admin & customer service	Claim management	Asset & risk management	

ABBILDUNG 3.4: Wertkette von Versicherungsunternehmen nach Porter und Rahlfs (Eling und Lehmann, 2017, S. 4)

Auf dieser Grundlagen werden die folgenden Stärken und Schwächen von Smart Contracts im Vergleich zur herkömmlichen Vertragsbearbeitung ermittelt. Die Wertkette wird dabei als Orientierung verwendet, um alle relevanten Stärken und Schwächen zu erfassen. Da es sich dabei um eine generische Wertkette für die Versicherungsindustrie handelt, können die Wertketten einzelner Versicherungsunternehmen davon abweichen. Genannte Stärken und Schwächen können mehrere Bereiche betreffen, werden aber jeweils nur einmal genannt. Die Kernkompetenzen der Wertschöpfungsstufen wurden jeweils von Eling und Lehmann (2017) übernommen.

3.1.3.2 Marketing

Kernkompetenzen: Marktforschung, Zielgruppendefinition, Entwicklung von Vertriebsstrategien, Entwicklung von Werbekampagnen

Stärken: Die Verwendung von Smart Contracts kann innerhalb der Zielgruppe junger, technikaffiner Kunden als Marketingmittel eingesetzt werden. Dadurch lässt sich das Image des Versicherers als modernes und innovatives Unternehmen, sowie das Versicherungsprodukt selbst bewerben (vgl. auch: AXA, 2017b).

3.1.3.3 Product Development / Produktentwicklung

Kernkompetenzen: Produktentwicklung, Pricing / Aktuariat, Einhaltung der rechtlichen Rahmenbedingungen

Stärken: Smart Contracts können aus einzelnen Programmbausteinen erstellt werden. Dies ermöglicht eine schnelle Produktentwicklung. Bestehende Produkte können außerdem praktisch in Echtzeit angepasst werden, entweder im Preis (Dynamic Pricing) oder im Produktumfang. Darüber hinaus können in den Contracts selbst individuelle Pricing-Modelle hinterlegt werden, die individuelle Prämien auf Basis der Risikoinformationen bei der Vertragserstellung errechnen. Aufgrund der damit verbundenen niedrigeren Verwaltungskosten sowie der vollautomatischen Vertragsbearbeitung bieten Smart Contracts die Möglichkeit, neue Märkte zu erschließen, die vorher aufgrund hoher Kosten im Vergleich zur erzielbaren Prämie nicht attraktiv waren.

Die Smart Contract-basierte Versicherung kann über das Internet mit den versicherten Sachen vernetzt werden. Die Kommunikation kann dabei in beide Richtungen genutzt werden. So könnten mit einem Condition-Monitoring-System ausgestattete Maschinen selbstständig bestimmte Schäden melden oder aber die Benutzung der zu versichernden Sachen an das Bestehen einer Versicherung bzw. die Zahlung der Prämie geknüpft werden, zum Beispiel im Bereich der Sharing Economy (vgl. auch: Vo u. a., 2017).

Prinzipbedingt sind Smart Contracts vollständig dunkel verarbeitbar, da sie autonom in der Blockchain ausgeführt werden. Dies bietet einen Vorteil gegenüber herkömmlichen Verträgen, deren Verarbeitung aufwendig digitalisiert werden muss. Daher bietet die Nutzung von Smart Contracts ein hohes Kostensenkungspotential. Die Dunkelverarbeitung von Smart Contracts kann dabei theoretisch auf den ganzen Produktlebenszyklus ausgeweitet werden: Über das Dynamic Pricing der Produkte, den Verkauf und die Dokumentierung neuer Policen als Smart Contracts, die Änderung von Verträgen, die Schadenregulierung bis zum Vertragsende durch Ablauf oder Kündigung.

Schwächen: Bisher gibt es im Versicherungsbereich noch wenige Erfahrungen mit Smart Contracts; diese beschränken sich im Versicherungsbereich auf parametrische Versicherungen. Die bestehenden Unsicherheiten hinsichtlich der rechtlichen Rahmenbedingungen von Smart Contracts stellen außerdem eine gravierende Schwäche dieser Technologie dar. Daneben sind Smart Contracts möglicherweise nicht mit den internen Unternehmensrichtlinien heutiger Versicherungsunternehmen kompatibel hinsichtlich Datenschutz oder IT-Sicherheit.

3.1.3.4 Sales / Vertrieb

Kernkompetenzen: Kundenakquise, Beratung, Verkauf der Produkte, After-Sales-Service

Stärken: Smart Contracts bieten sich für Versicherungen an, die direkt über das Internet vertrieben werden. Dies führt zu Kosteneinsparungen, da keine Courtage oder Vermittlerprovision aus der Versicherungsprämie gezahlt werden muss. Als Alternative zum Direktvertrieb könnten Smart Contracts als Kooperation mit Händlern oder Herstellern zu versichernder Sachen direkt am Point of Sale angeboten werden. Dies wäre durch den dezentralen Zugriff auf die Smart Contracts relativ leicht zu realisieren.

Schwächen: Da der Vertrieb von Direktversicherungen nicht von Vertriebspartnern übernommen wird, müssen die Vertriebsaktivitäten von der Versicherung selbst durchgeführt werden. Außerdem zeichnet sich die Direktversicherung durch einen geringeren Beratungsumfang aus, was vom Kunden als Nachteil wahrgenommen werden kann.

Zum jetzigen Zeitpunkt handelt es sich bei Smart Contract-basierten Versicherungen eher um Prototypen, ein Potential für Cross-Selling mehrerer verschiedener Produkte ist aufgrund des Mangels an Produkten daher derzeit nicht gegeben.

3.1.3.5 Underwriting

Kernkompetenzen: Antragsbearbeitung, Risikobewertung, Vertragsgestaltung

Stärken: Durch die Verwendung von Smart Contracts können Versicherungsanträge dunkel verarbeitet werden. Dadurch, dass ausschließlich Standardprodukte ohne manuell vorgenommene Vertragsänderungen policiert werden, wird das Fehlerpotential reduziert. Dies kann sich positiv auf das operationelle Risiko und das erforderliche Solvenzkapital eines Versicherers auswirken. Sofern eine Versicherungslösung implementiert wird, an der mehrere Firmen beteiligt sind (vgl. auch B3i in Abschnitt 2.5.2), vereinfachen Smart Contracts den unternehmensübergreifenden Datenaustausch.

Schwächen: Die fehlende Möglichkeit, individuelle Vereinbarungen im Vertrag zu treffen, ist ein Nachteil aus Kundensicht. Außerdem ist keine Beurteilung individueller Risiken vor Vertragsschluss durch das Underwriting möglich. Um zu gewährleisten, dass keine negative Risikoselektion stattfindet, müssen entsprechend strikte Kriterien für die Versicherung in den Smart Contracts implementiert werden.

3.1.3.6 Contract Administration & Customer Service / Vertragsverwaltung und Kundenservice

Kernkompetenzen: Vertragsänderungen, Beantwortung von Kundenfragen

Stärken: Da die Inhalte von Smart Contracts in der Blockchain offen einsehbar sind, können Kunden alle relevanten Vertragsdaten bei Bedarf selbst abrufen. Auf die Beantwortung von individuellen Kundenfragen hat die Wahl der Vertragsverarbeitung keinen Einfluss.

Schwächen: Nachträgliche Änderungen von Transaktionen sind in der Blockchain nicht vorgesehen. Änderungen an Smart Contracts sind ebenfalls nicht ohne weiteres möglich, eine entsprechende Funktion muss gegebenenfalls bei der Erstellung des Vertrages implementiert werden. Daher sind Vertragsänderungen, die vom Kunden gewünscht werden, aber auch Sanierungsmaßnahmen durch den Versicherer im Vergleich zur klassischen Vertragsbearbeitung mit einem Mehraufwand verbunden.

3.1.3.7 Claims Management / Schadenregulierung

Kernkompetenzen: Regulierung von Schäden, Betrugsabwehr

Stärken: Smart Contracts bieten die Möglichkeit einer vollautomatischen Schadenregulierung. Hierfür können entweder zentrale (wie bei Etherisc) oder dezentrale Orakel genutzt werden. Die automatische Schadenregulierung bietet Kostensenkungspotential und Geschwindigkeitsvorteile gegenüber der klassischen Schadenregulierung. Dieses gilt auch gegenüber Versicherungen, die bereits jetzt zu einem hohen Grad dunkel verarbeitet werden, da beispielsweise Wartezeiten für den Postweg von Schadenmeldungen oder die Überweisung der Entschädigung entfallen.

Außerdem bieten Smart Contracts eine erhöhte Transparenz für den Kunden, da dieser davon ausgehen kann, dass die Regulierung von Schäden genau nach den vorgegebenen Parametern erfolgt und endgültig ist, sobald er die Entschädigung erhalten hat. Das Angebot von Zusatzleistungen im Schadenfall sowie die Kooperation mit Partnerunternehmen zur Reparatur von Schäden ist über Smart Contracts darstellbar.

Schwächen: Bei einer automatischen oder dezentralen Schadenregulierung hätte das Versicherungsunternehmen keine Möglichkeit, bei Verdacht auf Versicherungsbetrug vor der Auszahlung der Entschädigung zu intervenieren. Gegebenenfalls müsste das Unternehmen stattdessen versuchen, vom Empfänger unberechtigt geltend gemachte Beträge zurückzuerlangen.

3.1.3.8 Asset & Risk Management

Kernkompetenzen: Asset Management, Risikoanalyse und -management

Stärken: Innerhalb der Versicherungsplattform ist ein automatisches Asset Management möglich, wie am Beispiel von Etherisc demonstriert wird. Ebenso wie die Schadendaten sind auch die Informationen über das Risiko des Versicherungsportfolios durch Smart Contracts quasi in Echtzeit abrufbar.

Die Wahl des Vertragsmodells hat auf die Risikoeigenschaften des gewählten Versicherungsmodells grundsätzlich keinen Einfluss

Schwächen: Smart Contracts auf Basis von Ethereum binden Kapital in der Kryptowährung. Dieses wird benötigt, um die laufenden Versicherungsverträge mit ausreichend Kapital zu decken um Schäden regulieren zu können, sowie um die Gaskosten zur Ausführung von Transaktionen an das Netzwerk zu bezahlen. Sollte innerhalb der Versicherungsplattform kein ausreichendes Ether-Guthaben bestehen um Transaktionen zu decken, würden diese vom Netzwerk nicht verifiziert und damit nicht ausgeführt werden. Die Solvabilität der Plattform muss daher gewährleistet werden.

Inwiefern die Möglichkeit besteht, entsprechend des gewählten Versicherungsmodells Kapital aus der Plattform abzuziehen, um dieses gewinnbringend zu investieren, ist deshalb zum jetzigen Zeitpunkt unklar. Die Etherisc-Plattform sieht vor, dass das gesamte Kapital der Versicherungsplattform innerhalb der Blockchain verbleibt. Kapitalgewinne werden dabei ausschließlich aus dem reinen Versicherungs- beziehungsweise Rückversicherungsgeschäft erzielt.

3.1.3.9 Unternehmensführung

Kernkompetenzen: Strategische Planung und Unternehmensführung

Stärken: Theoretisch könnten Smart Contracts dazu genutzt werden, vollständige Unternehmen in Form von DAOs darzustellen. Dadurch könnten die Kosten für die klassische Unternehmensführung zu einem großen Teil eingespart werden. Zum gegenwärtigen Zeitpunkt erscheint diese radikale Nutzung von Smart Contracts im Unternehmensumfeld allerdings noch nicht realisierbar.[11] Gelingt es, Versicherungsprodukte auf Basis von Smart Contracts zu etablieren, könnte

---

[11] Ein Beispiel ist die gleichnamige DAO in Ethereum, die einen dezentralen Venture Capital-Fonds darstellte. Nachdem bei einem Hackerangriff Ethereum im Wert von ca. 50 Mio. USD entwendet wurde, wurde die DAO im Jahr 2016 abgewickelt (vgl. Popper, 2016).

dies dazu genutzt werden, den Wettbewerbsdruck auf Versicherungsvermittler und Makler zu erhöhen, deren Leistungen durch den Direktvertrieb der Versicherungen redundant würden. Eine
Öffnung der Wertschöpfungskette des Versicherungsunternehmens, wie von Etherisc beschrieben, könnte durch den dadurch zunehmenden Wettbewerb zu einer Erhöhung der Qualität der
erbrachten Leistungen und einer weiteren Reduktion der Kosten führen.

Schwächen: Die mangelnde Erfahrung von Versicherungen im Umgang mit Smart Contract
verursacht Unsicherheit und könnte die bestehenden Schwächen der Smart Contracts verstärken.

3.1.3.10 IT

Kernkompetenzen: Entwicklung und Koordination der Unternehmens-IT, IT-Beschaffung, Service und Support.

Stärken: Die zuvor genannten Kostenvorteile lassen sich zum Teil dadurch realisieren, dass die
IT des Versicherers durch Smart Contracts in die Blockchain ausgelagert wird. Die Nutzung von
Open-Source-Software bietet möglicherweise Sicherheitsvorteile gegenüber privaten Alternati-
ven. Außerdem können Open-Source-Initiativen mehr Innovationen bewirken als die alleinige
Entwicklung durch einen Anbieter.[12] Die dezentrale Speicherung von Daten in der Blockchain
führt zu einer hohen Sicherheit gegen Datenverlust. Die Nutzung von Blockchains verspricht
auch bei alleiniger Betrachtung der IT-Kosten Einsparpotentiale, auch wenn dabei, wie unten
beschrieben, noch eigene Hardware vorgehalten werden muss.

Schwächen: Eine vollständige Abschaffung der eigenen IT ist nicht möglich, solange die Organisation nicht vollständig in die Blockchain verlagert und zur DAO umgestaltet wird. Solange
eine eigene IT besteht, können Redundanzen und Schnittstellenprobleme zusätzliche Kosten
verursachen. Fehler in der Blockchain, wie sie durch Bugs oder Hacker verursacht werden können, haben potentiell gravierende Auswirkungen (Siehe DAO-Zwischenfall). Da es sich um eine
Technologie handelt, die kontinuierlich weiterentwickelt wird, kann das Bestehen von Bugs oder
Sicherheitslücken nicht mit absoluter Sicherheit ausgeschlossen werden.

---

[12]Einer der Gründe, weshalb die Allianz ihr proprietäres Versicherungssystem ABS in Teilen unter einer Open-
Source-Lizenz veröffentlicht hat, war es, die Weiterentwicklung des Systems voranzubringen (vgl. Allianz SE, 2018)

Die Entwicklung liegt dabei zumindest bei der Nutzung von Open-Source-Blockchains nicht vollständig in der Hand des Versicherers, falls nicht eine eigene Version der Blockchain entwickelt wird. Diese würde wiederum die Nutzungsmöglichkeit von dezentralen Orakeln einschränken. Dadurch kann die Kompatibilität der Blockchain zu eigenen Systemen langfristig nicht garantiert werden, gegebenenfalls können durch Änderungen an der Blockchain Anpassungen am eigenen System notwendig werden, was Kosten verursacht. Blockchains verfügen grundsätzlich über eine schlechtere Leistung als zentrale Datenbanken bezogen auf die Transaktionskapazität. Dies wird noch verstärkt, wenn PoW-Verfahren zum Einsatz kommen, weil diese sehr rechenintensiv sind.[13] Da der Ressourcenbedarf des PoW-Verfahrens in öffentlichen Blockchains durch Transaktionsgebühren finanziert werden muss, sind diese Kosten für Versicherungsanwendungen besonders relevant.

3.1.3.11 Human Resources / Personalabteilung

Kernkompetenzen: Mitarbeiterplanung und -entwicklung, Besetzung neuer Stellen

Stärken: Die Nutzung von Smart Contracts kann für das HR-Marketing verwendet werden, um das Image eines innovativen Arbeitgebers zu erhalten.

Schwächen: Für die Entwicklung von Smart Contracts sind im Versicherungsbereich bislang kaum Fachkräfte vorhanden.

3.1.3.12 Controlling

Kernkompetenzen: Datenerhebung und -analyse, Reporting

Stärken: Smart Contracts bieten die Möglichkeit, die für das Controlling notwendigen Daten quasi in Echtzeit aus der Blockchain abzurufen.

Schwächen: Hierfür müssen gegebenenfalls neue Tools entwickelt werden. Die Kompatibilität der Blockchain mit den bestehenden Systemen einer Versicherung ist nicht gewährleistet, dies kann zusätzliche Kosten verursachen.

---

[13](vgl. auch Wüst und Gervais, 2017)

3.1.3.13 Legal Department / Rechtsabteilung

Kernkompetenzen: Bearbeitung von Rechtsfragen, Compliance

Stärken: Theoretisch können Smart Contracts dazu führen, rechtliche Risiken zu verringern, wenn sie von allen beteiligten Parteien als verbindlich und deren automatische Ausführung als endgültig akzeptiert wird, der Code-is-law-Ansatz also umgesetzt wird.

Schwächen: Aufgrund der bestehenden Unsicherheit bezüglich der rechtlichen Rahmenbedingungen von Smart Contracts unterliegen Versicherungen, die darauf basieren, zunächst einem höheren Risiko juristischer Auseinandersetzungen, die wiederum zusätzliche Kosten und eine potentielle Rufschädigung des Versicherungsunternehmens nach sich ziehen.

3.1.3.14 Public Relations

Kernkompetenzen: Management der Presse- und Investorenbeziehungen

Stärken: Die Verwendung einer innovativen Technologie wie Smart Contracts kann dem Versicherungsunternehmen mediale Aufmerksamkeit einbringen, wie beispielsweise bei Axa Fizzy beobachtet werden konnte.

Schwächen: Der Verlust von Kapital oder sensiblen Daten der Kunden in Folge von Bugs oder Sicherheitslücken in der Blockchain könnte zu einem erheblichen Reputationsschaden des betroffenen Versicherungsunternehmens führen.

3.1.3.15 Zusammenfassung

Von den zuvor genannten internen Faktoren werden die wichtigsten in Tabelle 3.2 in Kurzform zusammengefasst.

Stärken	Schwächen
• Vollständige und native Dunkelverarbeitung • Ermöglichen Dynamic Pricing • Hohe Geschwindigkeit in der Vertragsbearbeitung und Schadenregulierung	• Kein individuelles Underwriting möglich • Unsicherheit in Bezug auf rechtliche Rahmenbedingungen • Versicherungsumfang und Schadenregulierung bislang an Parameter gebunden • Gefahr von Daten- und Geldverlust durch Bugs und Hacker

TABELLE 3.2: Zusammenfassung der wichtigsten Stärken und Schwächen von Smart Contracts im Vergleich zur herkömmlichen Vertragsbearbeitung

3.1.4 SWOT-Strategien

Aus den zuvor beschriebenen externen und internen Faktoren ergeben sich die in Tabelle 3.3 dargestellten Strategien für die Nutzung von Smart Contracts für Versicherungsprodukte.

Der wesentliche Anreiz für die Verwendung von Smart Contracts für Versicherungsprodukte liegt in der damit Verbundenen Dunkelverarbeitung der Verträge. Denn daraus folgen im Vergleich zu den bestehenden IT- und Gesamtkostenquoten erhebliche Einsparpotentiale. Dies ist vor allem mit Blick auf Combined-Ratios von über 100% in der deutschen Sachversicherungsbranche eine relevante Stärke. Aus Kundensicht bieten die Smart Contracts dabei vergleichsweise günstige Prämien sowie eine schnelle Vertrags- und Schadenbearbeitung.

Um diese Stärken ausspielen zu können, müssen die Produkte aber mit Blick auf die Besonderheiten von Smart Contracts entwickelt und am Markt positioniert werden. Hierfür bietet sich eine Low-Cost-Strategie an, bei der Produkte konsequent so günstig wie möglich gestaltet werden, um sich mit niedrigen Preisen gegen Wettbewerber durchzusetzen. Neben dem Wettbewerb in bestehenden Marktsegmenten können Smart Contracts dabei auch zur Erschließung neuer Märkte für geringvolumige Versicherungen eingesetzt werden, die bislang aufgrund zu hoher Kosten der Verträge nicht rentabel waren.

Während der Produktentwicklung muss berücksichtigt werden, dass ein individuelles Underwriting vor Vertragsschluss nicht möglich ist, da dies zusätzliche Kosten verursachen würde. Gleichzeitig muss durch die Wahl geeigneter Auswahlkriterien sichergestellt werden, dass nicht

	Stärken / Strengths	Schwächen / Weaknesses
	1. Vollständige und native Dunkelverarbeitung 2. Dynamic Pricing 3. Hohe Geschwindigkeit in Vertrags- und Schadenbearbeitung	1. Kein individuelles Underwriting 2. Unsicherheit bzgl. rechtlicher Rahmenbedingungen 3. Versicherungen bislang an Parameter gebunden 4. Derzeit relativ kleine Zielgruppe für Online-Versicherungen 5. Gefahr von Schäden durch Bugs / Hacker
Chancen / Opportunities	1. Erschließung neuer Märkte 2. Kostensenkungspotential 3. Wachstum des Marktes für Onlineversicherungen	Erschließung neuer Märkte für Versicherungen mit geringen Prämien (Microinsurance) (S1S2O1) Differenzierung über niedrigen Preis und Geschwindigkeit in bestehenden Märkten (S1S3O2)	Entwicklung von Produkten, die kein individuelles Underwriting erfordern (W1O1O2) Entwicklung von Regulierungsmodellen für komplexe Schäden (W3O2) Frühzeitige Besetzung des Wachstumsmarktes für Onlineversicherungen(W4O3)
Risiken / Threats	1. Restriktive Regulierung der Blockchain-Technologie 2. Wechselkursrisiken 3. Kein direkter Einfluss auf die Entwicklung öffentlicher Blockchains 4. Gefahr von juristischen Auseinandersetzungen und Reputationsschäden	Absicherung des Währungsrisikos durch Verwendung von Tokens mit festem Wechselkurs(S1O2)	Beachtung aller geltenden rechtlichen Auflagen (W2T4) Partizipation an der Entwicklung der Blockchain-Technologie (W3W5T3) Absicherung der Smart Contracts durch extensives Testing (W5T4) Off-chain Speicherung sensibler Daten (W2W5T4) Nutzung einer privaten Blockchain (W2W5T4)

TABELLE 3.3: SWOT-Stragien für Smart Contracts als Grundlage für Versicherungsprodukte

nur negative Risiken eingedeckt werden. Um die vollständige Dunkelverarbeitung zu gewährleisten, muss das Versicherungsprodukt außerdem in der Lage sein, auch komplexe Schäden automatisch zu regulieren. Dies setzt die Nutzung von Orakeln zum Austausch von Daten zwischen der Blockchain und der realen Welt voraus. Mögliche Ansatzpunkte hierfür bilden zum einen die Weiterentwicklung parametrischer Versicherungen und zum anderen die Nutzung dezentraler Orakel, da diese theoretisch auch komplexe Fragen beantworten können (vgl. Abschnitt 2.4).

Falls für das Versicherungsprodukt eine öffentliche Blockchain gewählt wird mit eigener Kryptowährung und die zu versichernden Sachen einen Gegenwert in Euro besitzen, sollte das Wechselkursrisiko berücksichtigt werden. Als Lösung dafür könnte die Versicherung einen eigenen Token nutzen, dessen Wert von dem Wert der nativen Kryptowährung entkoppelt werden kann.

Die größte Herausforderung für Smart Contracts stellen zum gegenwärtigen Zeitpunkt allerdings die rechtlichen Rahmenbedingungen dar. Zum einen muss sichergestellt werden, dass die verwendeten Smart Contracts alle rechtlichen Anforderungen an Versicherungsprodukte und den Datenschutz erfüllen. Hierfür werden im folgenden Kapitel Lösungsansätze entwickelt. Zum anderen ist zum gegenwärtigen Zeitpunkt noch nicht geklärt, welche rechtliche Verbindlichkeit die nicht-traditionelle Durchsetzung von Verträgen durch Smart Contracts hat. Solange der Gesetzgeber hier keine Klarheit geschaffen hat, besteht das Risiko rechtlicher Auseinandersetzungen durch die Verwendung von Smart Contracts. Allerdings wird das nachfolgende Kapitel eine Strategie entwickeln, dieses Risiko zu kontrollieren.

3.2 Zwischenfazit

Der erste Teil der Forschungsfrage dieser Arbeit lautet wie folgt: Welche Kriterien müssen Smart Contracts erfüllen, damit sie für komplexe Sachversicherungen geeignet sind?

Smart Contracts müssen einen Mehrwert bieten gegenüber der klassischen Vertragsbearbeitung, da sonst kein Anreiz besteht, sie zu verwenden. Damit sie für komplexe Versicherungsprodukte geeignet sind, müssen sie außerdem über die Möglichkeit verfügen, komplexe Schäden automatisch zu regulieren. Der Fokus auf die automatische Regulierung ergibt sich dabei aus dem zuvor benannten Mehrwert, der im Wesentlichen aus Kostensenkungspotential durch Dunkelverarbeitung besteht.

Dem zugrunde liegt allerdings die Voraussetzung, dass Versicherungen auf Basis von Smart Contracts alle geltenden gesetzlichen Vorschriften einhalten. Dies betrifft im vorliegenden Fall vor allem den Datenschutz und die speziellen gesetzlichen Bestimmungen für Versicherungen. Darüber hinaus erfordert der Einsatz von Smart Contracts allerdings auch eine Strategie zum Umgang mit der rechtlichen Unsicherheit, den die Nutzung der Blockchain-Technologie zum gegenwärtigen Zeitpunkt noch mit sich bringt.

Diese Anforderungen werden gegenwärtig noch von keinem am Markt verfügbaren Produkt erfüllt. Im folgenden Kapitel wird daher ein Versicherungsprodukt entworfen, das versucht, Lösungsansätze für die beschriebenen Herausforderungen zu liefern. Dieses bildet die Grundlage dafür, im Anschluss den zweiten Teil der Forschungsfrage zu beantworten.

Kapitel 4

Entwurf eines Versicherungskonzeptes auf Basis von Smart Contracts

4.1 Grundsätzlicher Aufbau und Vorgehensweise

In diesem Kapitel wird ein Konzept entwickelt für ein Versicherungsprodukt auf Blockchain-Basis. Das Ziel ist dabei, die im vorherigen Kapitel beschriebenen Schwächen dieser Technologie auszumerzen und gleichzeitig die Stärken zu nutzen. Gelingt dies nicht vollständig, werden für die offenen Punkte am Ende dieses Kapitels Lösungsansätze entwickelt.

Das im Folgenden beschriebene Konzept basiert zum einen auf der von Mussenbrock (2017a) entwickelten, in Abschnitt 2.5.1 beschriebenen Struktur der Versicherungsplattform, in der innerhalb der Blockchain verschiedene Module in Form von Contracts Funktionen der Wertschöpfungskette einer Versicherung übernehmen. Zum anderen orientiert sich das Konzept an dem von Vo u. a. (2017) beschriebenen Aufbau einer Anwendung für Versicherungen im Pay-as-you-go-Verfahren, welches in Abbildung 4.1 schematisch dargestellt wird. Hier werden rechenintensive Teile des Programms aus Effizienzgründen außerhalb der Blockchain durchgeführt und Teile der Daten off-chain gelagert.

Die vorliegende Arbeit entwickelt im Gegensatz zu Mussenbrock und Vo eine Blockchain-basierte Versicherung für Smartphones. Diese orientiert sich im Leistungsumfang und der Wertkette an bestehenden internetbasierten Smartphone-Versicherungen, wie beispielsweise dem Produkt be relaxed. Hierbei handelt es sich um eine Allgefahrendeckung für Smartphones, die

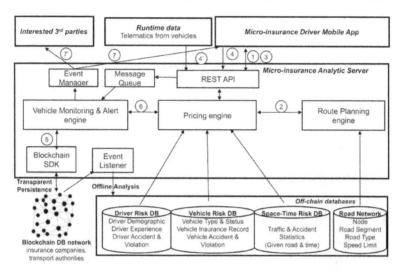

ABBILDUNG 4.1: Aufbau einer Versicherungsplattform für Pay-as-you-go KFZ-Versicherungen (Vo u. a., 2017)

unabhängig vom Kauf des Gerätes über das Internet abgeschlossen werden kann. Die Konditionen sind in Abbildung 4.2 dargestellt.

Die Regulierung der Schäden erfolgt in diesem Modell durch einen Dienstleister, der dabei selbst entscheidet, ob ein beschädigtes Smartphone repariert, durch ein gleichwertiges Modell ersetzt, oder falls beides nicht möglich sein sollte, der Wert des Gerätes erstattet wird. Der Dienstleister übernimmt die Abwicklung der Reparatur beziehungsweise den Ersatz oder die Erstattung des Gerätewertes. Die Abrechnung der Schäden erfolgt zwischen Dienstleister und Versicherungsunternehmen nach vereinbarten Kostensätzen, zudem muss der Versicherungsnehmer im Schadenfall einen Selbstbehalt an den Dienstleister überweisen (DeTeAssekuranz, 2017a).

Diese Arbeit verwendet die Ethereum Blockchain, da diese gut dokumentiert ist und die Grundlage für die in Abschnitt 2.4 beschriebenen Orakel bildet, die im Folgenden aufgegriffen werden. Zur Erstellung des Quelltextes wurde für diese Arbeit Remix IDE genutzt, dabei handelt es sich um eine browserbasierte Entwicklungsumgebung für Solidity, eine objektorientierte Programmiersprache zur Erstellung von Smart Contracts in Ethereum.[1] Zur Erstellung des Quellcodes

---
[1]Remix IDE: https://remix.ethereum.org/

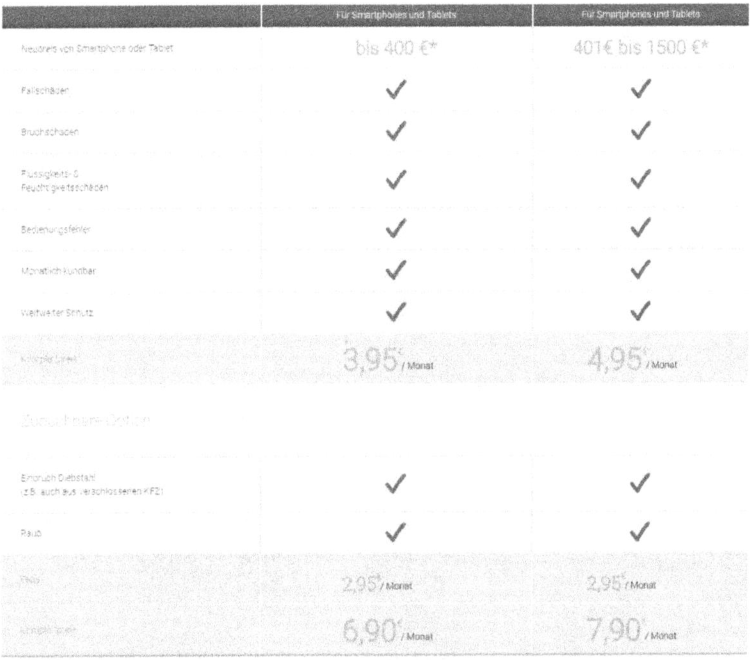

ABBILDUNG 4.2: Konditionen der Smartphone-Versicherung be-relaxed (DeTeAssekuranz, 2017b)

wurden unter anderem die Dokumentationen von Remix und Solidity genutzt.[2] Der vollständige Quelltext liegt dieser Arbeit als Anlage bei, Ausschnitte daraus werden in den folgenden Abschnitten mittels Pseudocode erläutert. Dieser basiert auf der Programmiersprache Solidity und verwendet die in Quellcode 4.1 genannten Befehle. Der Pseudocode verfolgt damit einen objektorientierten Ansatz, da die wesentlichen Aspekte des beschriebenen Programms aus dem Aufbau der Contracts und Funktionen und deren Interaktion bestehen, und nicht aus den verwendeten Algorithmen, welche unter anderem im prozedural aufgebauten Pseudocode von Cormen u. a. (2014, S. XVII) im Fokus stehen.

```
Zuweisung        =
Vergleich        ==, !=, <=, >=, <, >
Logisches Und    &&
Logisches Oder   ||
Logisches Nicht  !
Kommentar        //, /* */
```

[2]Dokumentation Remix IDE: http://remix.readthedocs.io/
Dokumentation Solidity: http://solidity.readthedocs.io/

```
Rückgabe               return
Require                require //Gefolgt von einer Bedingung, die ...
erfüllt werden muss, damit die Transaktion durchgeführt werden kann.
```

QUELLCODE 4.1: Befehle im verwendeten Pseudocode

4.2 Smartphoneversicherung auf Basis von Ethereum

Das Grundkonzept der Ethereum-basierten Smartphone-Versicherung wird in Abbildung 4.3 dargestellt, die wichtigsten Schritte im Versicherungsprozess werden anschließend entsprechend ihrer Reihenfolge erläutert.

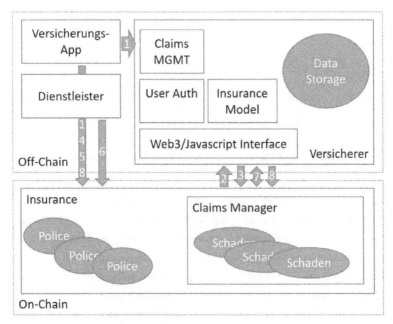

ABBILDUNG 4.3: Aufbau einer Ethereum-basierten Versicherung für Smartphones, eigene Darstellung.

Vom Abschluss bis zum Ablauf oder Kündigung der Versicherung laufen dabei die folgenden Schritte ab:

1. Der Kunde gibt seine Nutzerdaten über die Versicherungsapp auf seinem Smartphone ein. Der Datensatz für einen Musterkunden ist in Quellcode 4.2 dargestellt.

```
 1  Michael // Vorname
 2  Mustermann // Nachname
 3  Einbahnstraße // Straße
 4  12a // Hausnummer
 5  12345 // Postleitzahl
 6  Musterstadt // Stadt
 7  15.08.1980 // Geburtsdatum
 8  michael.mustermann@gmx.de // E-Mail Adresse
 9
10  String:
11  MichaelMustermannEinbahnstraße12a12345Musterstadt
12  15.08.1980michael.mustermann@gmx.de154866544597874
13
14  SHA3-Hash des Strings:
15  d7ed5c8d4603b18224a6de4146125b323492dfd5e6e95b6d108e766c987d7189
16
17  154866544597874 // IMEI-Nummer des zu versichernden Smartphones
18
19  SHA3-Hash der IMEI-Nummer:
20  444c3fc86ea56f993077e85ab6b76a2e9a454c87ca15927d5f5959f5801e7911
```

QUELLCODE 4.2: Datensatz für einen Musterkunden

Die Daten werden off-chain vom Versicherer geprüft und gespeichert. Über die App wird eine Police durch Transaktion an den Insurance-Contract in der Blockchain erstellt. Die Police enthält den SHA3-Hash der Kundendaten zur Identifikation durch den Versicherer und wird wie in Quellcode 4.3 beschrieben innerhalb eines Mappings im Insurance Contract gespeichert. Die Prämie wird mit der Transaktion in Ether gezahlt.

```
 1  contract Insurance {
 2      struct Policy {
 3          bytes32 dataHash,
 4          uint sumInsured,
 5          uint timeStart,
 6          uint premiumPaid,
 7          bool confirmChange,
 8          State state
 9      }
10
11      enum State {Cancelled, Pending, Confirmed}
12
13      mapping(address => Policy) ledger
14  }
```

QUELLCODE 4.3: Aufbau des Policenbuches (ledger) innerhalb des Insurance Contracts

2. Der Insurance-Contract gibt ein Event aus, dass den SHA3-Hash der Kundendaten enthält und die EOA des Käufers der Police enthält (vgl. Quellcode 4.4).

```
 1  contract Insurance {
 2      function buyPolicy (dataHash, sum) public payable {
 3          // Schritt 1: Neue Police wird im Ledger angelegt.
 4          ledger[msg.sender] = Policy( //msg.sender ist die EOA des ...
             Absenders der Transaktion.
 5              dataHash,
 6              sum,
```

```
 7          block.timestamp, //Zeitpunkt, an dem die Transaktion ...
        von der Blockchain verarbeitet wird. Entspricht ...
        näherungsweise dem Zeitpunkt, an dem die Transaktion vom ...
        Absender abgeschickt wird.
 8          msg.value, //In der Transaktion enthaltener Betrag in ...
        Ether
 9          false,
10          State.Pending
11      )
12      // Schritt 2: Event mit den zu prüfenden Daten wird ...
        ausgegeben.
13      emit newContractEvent(
14          msg.sender,
15          dataHash,
16          sum,
17          msg.value
18      )
19  }
20 }
```

QUELLCODE 4.4: Kauf neuer Policen

3. Der Hash der Kundendaten wird mit den beim Versicherer gespeicherten Daten vergli-
chen. Stimmen die Hashwerte überein, ist der Kunde und die zugehörige Police eindeutig
für den Versicherer identifizierbar, ohne dass sensible Daten in die Blockchain gelangen.
Dieser Prozess ist aufwendiger als die einmalige Verifikation vor Erstellung der Police.
Dafür wird allerdings sichergestellt, dass keine Policen von Dritten mit unverifizierten
Daten erstellt werden, in dem die entsprechende öffentliche Funktion per Transaktion
aufgerufen wird. Nach Prüfung der Daten durch den Versicherer ändert dieser den Sta-
tus der Police auf validiert oder erstattet die geleistete Prämie zurück und deaktiviert die
Police (vgl. Quellcode 4.5).

```
 1 contract Insurance {
 2      //Annahme neuer Policen, ändert den Status der Police auf ...
        Confirmed.
 3      function validatePolicy (address) {
 4          ledger[address].state = Confirmed
 5      }
 6
 7      //Ablehnung neuer Policen, ändert den Status der Police auf ...
        Cancelled.
 8      function denyPolicy (address) {
 9          ledger[address].state = Cancelled
10          address.transfer(ledger[address].premiumPaid)
11      }
12 }
```

QUELLCODE 4.5: Validierung oder Ablehnung neuer Policen durch den Versicherer

4. Optional: Innerhalb von 14 Tagen nach Abschluss der Police kann der Kunde diese widerrufen und erhält dafür die gezahlte Prämie zurückerstattet (vgl. Quellcode 4.6).

```
 1  contract Insurance {
 2      //Ändert Status der Police auf Cancelled und erstattet Prämie ...
        zurück, setzt voraus, dass seit Abschluss weniger als 14 Tage ...
        vergangen sind, kein Schaden angefallen ist und die Police ...
        nicht den Status Cancelled innehat.
 3      function withdrawPolicy {
 4          (uint timeClaim, bool notCancelled) = ...
        ClaimsManager.getClaimTimeAndStatus(msg.sender)
 5          if(
 6              block.timestamp - ledger[msg.sender].timeStart <= 14 days
 7              && timeClaim == 0
 8              && ledger[msg.sender].state != Cancelled
 9          )
10          {
11              ledger[msg.sender].state = Cancelled
12              msg.sender.send(_premiumPaid);
13          }
14      }
15  }
16
17  contract ClaimsManager{
18      function getClaimTimeAndStatus(address) returns (uint, bool) {
19          if (claims[address].state != Cancelled) {
20              return(claims[address].time, true);
21          }
22          else {
23              return(claims[address].time, false);
24          }
25      }
26  }
```

QUELLCODE 4.6: Widerruf der Police durch den Versicherungsnehmer

5. Optional: Schäden können vom Kunden durch eine Transaktion an den Insurance Contract gemeldet werden. Dieser wiederum legt einen neuen Schaden im ClaimsManager Contract an (vgl. Quellcode 4.8), in dem Schäden wie in Quellcode 4.7 beschrieben als Mapping gespeichert werden. Parallel dazu sendet der Kunde sein Smartphone an den Dienstleister zur Reparatur.

```
 1  contract ClaimsManager {
 2      struct Claim {
 3          bytes32 imeiHash,
 4          uint amount,
 5          uint time,
 6          uint cause,
 7          State state
 8      }
 9
10      enum State {Cancelled, Pending, Confirmed, Closed, Settled}
11
12      mapping(address => Claim) claims
13  }
```

QUELLCODE 4.7: Speicherung von Schäden im ClaimsManager

6. Der Dienstleister repariert das Smartphone oder stellt einen Totalschaden fest und hinterlegt die abzurechnenden Kosten sowie eine Kennung für die Schadenursache im Claim, oder schließt den Schaden gegebenenfalls ohne Entschädigung (vgl. Quellcode 4.8). Als

Beleg für die erfolgte Reparatur sendet der Dienstleister den Hash der IMEI-Nummer des Smartphones an den ClaimsManager.

7. Der Versicherer prüft den Schaden im ClaimsManager und vergleicht die IMEI-Nummer mit der bei Vertragsschluss off-chain gespeicherten Nummer und erstattet dem Dienstleister die Entschädigung in Ether (vgl. Quellcode 4.8). Im Falle eines Totalschadens wird die Entschädigung an den Versicherungsnehmer geleistet in Ether und dem Dienstleister ggf. eine zuvor vereinbarte Kostenpauschale für die Schadenabwicklung gezahlt.

```
1  contract Insurance {
2      //Schritt 5: Schäden können vom Kunden an Insurance gemeldet ...
       werden und werden im ClaimsManager angelegt, wenn eine aktive ...
       Police besteht.
3      function makeClaim {
4          require(ledger[msg.sender].state == Confirmed)
5          ClaimsManager.newClaim(msg.sender)
6          emit newClaimEvent(msg.sender)
7      }
8
9      //Schritt 7: Der Versicherer schließt regulierte Schäden im ...
       ClaimsManager mit Zahlung an den Dienstleister. Funktion kann ...
       nur vom Besitzer des Insurance Contracts aufgerufen werden.
10     function settleClaim (address) {
11         require (msg.sender == Insurance.owner)
12         ClaimsManager.settleClaim(address)
13         serviceProvider.transfer(msg.value)
14     }
15 }
16
17 contract ClaimsManager{
18     // Schritt 6: Schäden, die mit Zahlung oder Reparatur ...
       beglichen wurden, werden vom Dienstleister über diese ...
       Funktion bestätigt.
19     function confirmClaim (
20         address _address,
21         bytes32 _imeiHash,
22         uint _amount,
23         uint _cause
24     )
25     {
26         require(
27             msg.sender == serviceProvider //Funktion kann nur vom ...
           Dienstleister aufgerufen werden.
28             && claims[_address].time > 0 //Claim muss bestehen...
29             && claims[_address].state == State.Pending //... und ...
           offen sein.
30         )
31         //stores function arguments in claims[_address]
32         claims[_address].imeiHash = _imeiHash
33         claims[_address].amount = _amount
34         claims[_address].cause = _cause
35         claims[_address].state = Confirmed
36
37         emit handledClaimEvent(_address, _imeiHash, _amount, ...
       claims[_address].time, _cause, "confirmed")
38     }
39
40     //Schritt 6: Schäden, die ohne Zahlung reguliert werden, ...
       können vom Dienstleister über diese Funktion geschlossen werden.
41     function closeClaim (
42         address _address,
43         bytes32 _imeiHash,
```

```
44      uint _cause
45   )
46   {
47      require(
48         msg.sender == serviceProvider
49         && claims[_address].time > 0
50         && claims[_address].state == State.Pending
51      )
52      claims[_address].imeiHash = _imeiHash
53      //claims[].time intialisiert mit 0, keine Änderung notwendig.
54      claims[_address].cause = _cause
55      claims[_address].state = Closed
56
57      emit handledClaimEvent(_address, _imeiHash, 0, ...
      claims[_address].time, _cause, "closed")
58   }
59
60   //Schritt 7: Schäden, die vom Versicherer beglichen wurden, ...
      können über diese Funktion geschlossen werden vom Insurance ...
      Contract.
61   function settleClaim (address) {
62      require(msg.sender == Insurance)
63      claims[address].state = Settled
64   }
65 }
```

QUELLCODE 4.8: Schadenbearbeitung

8. Ende des Vertrages: Die Police wird entweder nach dem Schadenfall vom Versicherungs-
   nehmer oder Versicherer gekündigt oder endet mit Ablauf und muss dann vom Versi-
   cherer inaktiv geschaltet werden. Ebenfalls möglich ist eine einvernehmliche vorzeitige
   Aufhebung, diese muss vom Kunden bestätigt und vom Versicherer ausgeführt werden.
   Die verschiedenen Möglichkeiten werden im Quellcode 4.9 beschrieben. Zuviel gezahlte
   Prämien werden im Falle einer vorzeitigen Beendigung des Vertrages zurückerstattet.

```
1  contract Insurance {
2     function afterClaimCancellation (address _address) {
3
4        address policy
5
6        if(msg.sender == owner) {
7        policy = _address
8        }
9        else {
10           policy = msg.sender
11        }
12
13       (uint timeClaim, bool notCancelled) = ...
      claimsManagerContract.getClaimTimeAndStatus(policy)
14
15       if (
16           block.timestamp - timeClaim <= 4 weeks
17           && notCancelled
18           && ledger[policy].state != Cancelled
19       )
20       {
21           ledger[policy].state = Cancelled
22           uint timeLeft
23           timeLeft = ledger[policy].timeStart + 1 years - ...
      block.timestamp
24           uint factor = ( timeLeft / 1 years)
```

```
25          policy.transfer(ledger[policy].premiumPaid * factor)
26      }
27  }
28
29  //Erforderlich für die vorzeitige Aufhebung der Police, kann ...
    nur vom Versicherungsnehmer aufgerufen werden. {
30      require(ledger[msg.sender].state == Confirmed)
31      ledger[msg.sender].confirmChange = true
32  }
33
34  //Policen können gecancelled werden, wenn seit Erstellung ein ...
    Jahr vergangen ist oder der Versicherungsnehmer der Änderung ...
    zugestimmt hat.
35  function cancelPolicy(address) {
36      require(
37          msg.sender == Insurance.owner
38          && (
39              ledger[address].confirmChange == true
40              || block.timestamp - ledger[address].timeStart >= ...
    1 years
41          )
42      )
43      ledger[address].state = State.Cancelled
44  }
45  }
```

QUELLCODE 4.9: Ende des Vertrages

4.2.1 Administrative Funktionen

Das Programm ist so konzipiert, dass die Prämieneinnahmen an den Insurance-Contract flie-ßen und vom Versicherer abgehoben werden können. Über die Vorhaltung eines ausreichen-den Ether-Guthabens hinaus, um in Kündigungsfällen anteilige Prämien zurückzuerstatten, ist für den Betrieb der Versicherung innerhalb der Blockchain kein Kapital erforderlich. Das Pro-gramm enthält daher die in Quellcode 4.10 dargestellten Funktionen zur einfachen Rückgabe des Guthaben des Insurance-Contracts sowie zur Abhebung von Ether.

```
1   contract Insurance {
2       function returnBalance returns (uint) {
3           require(msg.sender == Insurance.owner)
4           return this.balance
5       }
6
7       function withdrawEther (uint amount) {
8           require(msg.sender == Insurance.owner)
9           msg.sender.transfer(amount)
10      }
11  }
```

QUELLCODE 4.10: Prüfung des Guthabens und Auszahlung von Ether aus dem Insurance Contract

Gaskosten für die Ausführung der einzelnen Programmfunktionen werden durch die EOA-Guthaben des Versicherers und des Dienstleisters beglichen. Die Gaskosten für den Abschluss der Police trägt der Versicherungsnehmer, diese werden im vorliegenden Entwurf nicht zurückerstattet bei Widerruf der Police und sind in der Höhe mit den Kosten für Briefporto vergleichbar (vgl. folgendes Kapitel). Dies kann dabei helfen, dem massenhaften Abschluss und Widerruf von Policen vorzubeugen, der beim Versicherer ebenfalls Gaskosten verursacht und daher vermieden werden sollte.

Die Berechnung und Vorhaltung der notwendigen Kapitalrücklagen erfolgt im vorliegenden Konzept off-chain, hierfür können bei bestehenden Versicherungsunternehmen die bestehenden Strukturen und Prozesse genutzt werden.

4.2.2 Verwendetes Orakel

Das vorliegende Modell verwendet ein einfaches zentrales Orakel, dass durch Events Abfragen aus der Blockchain erhält, diese auf den eigenen Systemen verarbeitet und die Ergebnisse über Transaktionen wieder in die Blockchain sendet. Dieser Ansatz erfordert zwar eigene Hardware des Versicherers parallel zur Blockchain, dafür ermöglicht er allerdings auch die Einhaltung der geltenden Datenschutzbestimmungen, da sensible Daten unter angemessenen Sicherheitsvorkehrungen verwahrt werden können und nur deren SHA3-Hashwerte in die Blockchain übernommen werden.

Das Orakel ist vom Aufbau her mit den in Abschnitt 2.4 vorgestellten Orakeln Oraclize.it und Town Crier vergleichbar, bei denen es sich ebenfalls um zentrale Orakel handelt. Allerdings wird hier die Funktion des Datenaustauschs zwischen der Blockchain und der realen Welt nicht an eine unabhängige dritte Partei ausgelagert. Da sich die Daten, die ausgetauscht werden, im Besitz des Versicherers befinden und von diesem nach eigenem Ermessen verändert werden können, würde diese Auslagerung keinen Mehrwert im Sinne höherer Transparenz oder Sicherheit bieten. Eine Auslagerung der Orakelfunktion würde jedoch zusätzliche Kosten verursachen und wird deshalb unterlassen.

4.2.3 Einschränkungen des Programms

Aufgrund dessen, dass jede Transaktion nicht direkt umgesetzt wird, sondern erst vom Netzwerk verarbeitet werden muss, können die Zeitpunkte für den Vertragsschluss und spätere Änderungen an den Policen nicht auf die Sekunde genau bestimmt werden. Das vorgestellte Programm stellt einen Proof of Concept dar und kein fertiges Produkt, da es über die folgenden Limitierungen verfügt:

- Der Code ist nicht auf Gas-Effizienz optimiert.

- Die off-chain Bestandteile der Versicherungsplattform sind nicht im vorgestellten Quellcode enthalten.

- Das vorgestellte Programm erlaubt nur eine Police pro EOA in der Blockchain.

- Es kann nur ein Schaden pro Police reguliert werden, da die IMEI-Nummer des versicherten Smartphones nach dem ersten Schaden dem Dienstleister bekannt ist und daher für weitere Schäden kein zuverlässiger Beleg der erfolgten Regulierung mehr ist.

- Der Code wurde ausschließlich unter Versuchsbedingungen getestet mit simulierter Blockchain.

- Verliert der Kunde den privaten Schlüssel für die EOA, mit der er die Police abgeschlossen hat, so hat er keine Möglichkeit mehr, Schäden zu melden.

- Die Versicherungssumme ist im vorliegenden Programm in Ether hinterlegt. Der Kunde ist damit Wechselkursrisiken ausgesetzt, wenn er den Wert seines Smartphones in Euro versichern will.

- Das vorliegende Versicherungsmodell ist nicht voll dezentral. Der Versicherer und der Dienstleister sind zentrale Stellen innerhalb des Prozesses, denen der Versicherungsnehmer vertrauen muss, da diese außerhalb der Blockchain nach eigenem Ermessen Schäden regulieren.

- Aufgrund der geltenden Datenschutzbestimmungen können sensible Kundendaten nicht unverschlüsselt in der Blockchain gelagert werden. Daher ist es erforderlich, dass der Versicherer auch eigene IT vorhält. Die Versicherung kann deshalb nicht ausschließlich innerhalb der Blockchain realisiert werden.

4.3 Lösungsansätze

4.3.1 Sicherheit des Programms

Die Sicherheit von Smart Contracts kann mit verschiedenen Mitteln erhöht werden. Bhargavan u. a. (2016) verfolgt dazu den eher theoretischen Ansatz, Smart Contracts in die Programmiersprache $F*$ zu überführen, die auf die formale Prüfung von Programmen ausgelegt ist. Die in $F*$ übersetzte Version kann dazu genutzt werden, um zu prüfen, ob das Programm korrekt und sicher ausgeführt wird. Der Prozess wird in Abbildung 4.4 dargestellt und kann auch auf dekompilierten EVM-Code angewendet werden, was hier allerdings nicht notwendig ist, da der Quelltext in Solidity vorliegt.

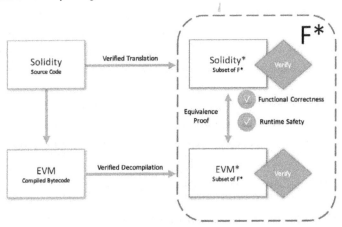

ABBILDUNG 4.4: Prüfung von Solidity Code durch Übersetzung in $F*$ (Bhargavan u. a., 2016)

Einen anderen Ansatz verfolgt Luu u. a. (2016), der Symbolic Execution [3] nutzt, um Fehler in Smart Contracts zu finden. Die Prüfung des Codes erfolgt dabei durch das dafür entwickelte Tool *OYENTE*, welches die folgenden Fehler und Anfälligkeiten erkennen kann:

- *Transaction Ordering Dependence* - Abhängigkeit des Programms von der Reihenfolge, in der Transaktionen ausgeführt werden. Stellt ein Sicherheitsrisiko dar, da die Transaktionsreihenfolge vom Miner beeinflusst werden kann, der die Transaktion verarbeitet.

---

[3]Für weitere Informationen zu Symbolic Execution vgl. auch (King, 1976)

- *Timestamp Dependence* - Abhängigkeit des Programms gegenüber dem Block-Timestamp. Stellt ein Sicherheitsrisiko dar, da der Block-Timestamp vom Miner um bis zu 900 Sekunden verändert werden kann (Ethereum Wiki, 2015).

- *Mishandled Exceptions*- Dies betrifft vor allem Funktionen, die Ether an andere Verträge senden. Hierfür stehen in Solidity zwei Befehle zur Verfügung, *send* und *transfer*. Während *transfer* bei fehlerhafter oder unvollständiger Ausführung eine Exception wirft und die Transaktion dadurch nicht ausgeführt wird, liefert *send* als Rückgabewert *true* oder *false*. Ein mögliches Fehlerszenario ergibt sich daraus, dass *send* statt *transfer* verwendet wird in der Annahme, dass dieser Befehl bei inkorrekter Ausführung ebenfalls eine Exception wirft.

- *Reentrancy Exploits* - Empfängt ein Contract Ether per Transaktion, wird seine Fallback-Funktion ausgeführt. Diese kann dazu genutzt werden, an vom Programmierer ungewollter Stelle wieder in den Sender-Contract einzusteigen und so zusätzlich Ether an den Empfänger zu senden, bis das Guthaben des Senders erschöpft ist.[4]

Durch Anwendung dieser Methoden können weit verbreitete Fehlerquellen in Smart Contracts beseitigt werden, so enthielten knapp 28% der ca. 20.000 in Luu u. a. (2016) untersuchten Smart Contracts in der Ethereum Blockchain die Anfälligkeit, Exceptions falsch zu handhaben.

4.3.2 Dezentrale Versicherung und Schadenregulierung

4.3.2.1 Moral Hazard durch fehlende Durchgriffsmöglichkeiten des Versicherers

Ein Merkmal der dezentralen und vollkommen autonomen Regulierung von Versicherungsschäden ist, dass der Versicherer im Falle von betrügerischem Verhalten durch den Versicherungsnehmer keine Möglichkeit hat, die Zahlung der Entschädigung zu verweigern. Daraus resultiert das Risiko von Versicherungsbetrug, wenn der Versicherungsnehmer die Möglichkeit hat den Versicherungsfall selbst herbeizuführen. Als Vorstufe davon kann bereits das Wissen um die fehlende Möglichkeit des Versicherers Schäden abzulehnen beim Versicherungsnehmer ein Moral Hazard[5] darstellen, der sich negativ auf die Schadenstatistik auswirkt, sofern die Eintrittswahrscheinlichkeit von Schadenfällen vom Versicherungsnehmer beeinflusst werden kann.

---

[4]Eine Anfälligkeit gegen Reentrancy ermöglichte es Angreifern, beim DAO-Hack im Jahr 2016, 3.600.000 Ether zu stehlen.
[5]Moral Hazard: Das Wissen, dass ein Risiko versichert ist, führt zu Verhaltensänderungen beim Versicherungsnehmer, da dieser die Konsequenzen seiner Aktionen nicht mehr tragen muss (vgl. May und Albers, 2008, S. 438).

Für den Erfolg eines dezentralen Versicherungsproduktes ist es daher unerlässlich, die Möglichkeit des Versicherungsbetruges auszuschließen und den Moral Hazard zu kontrollieren (vgl. Eling und Lehmann, 2017, S. 4). Bestehende parametrische Versicherungen lösen dieses Problem, in dem der Versicherungsfall von Parametern abhängig gemacht wird, die außerhalb der Kontrolle des Versicherungsnehmers liegen. Dieser Ansatz lässt sich allerdings nicht ohne weiteres auf herkömmliche Sachversicherungen übertragen, da viele der hier versicherten Ereignisse von Parametern abhängen, die sich durchaus im Einflussbereich des Versicherungsnehmers befinden. Darunter fallen grundsätzlich die Gefahren der Beschädigung der versicherten Sache durch äußere Einflüsse, sowie das Risiko des Abhandenkommens der versicherten Sache. Hierbei handelt es sich um zwei wesentliche Gefahren der klassischen Sachversicherung. Im folgenden werden deshalb einige Lösungsansätze für diese Herausforderung beschrieben.

4.3.2.2 Beteiligung des Versicherungsnehmers

Um den Moral Hazard zu reduzieren und Versicherungsbetrug unattraktiv zu machen, könnten vergleichsweise hohe Selbstbehalte vereinbart werden und die Entschädigung im Totalschadenfall auf den Zeitwert der versicherten Sache begrenzt werden (vgl. Europäische Kommission, 2014, S. 12). Bei diesem Ansatz bestünde einerseits eine Herausforderung darin, den korrekten Zeitwert der versicherten Sache zu bestimmen. Andererseits würden derartige - aus Kundensicht unattraktive - Vertragskonditionen einen Wettbewerbsnachteil gegenüber anderen Versicherungen mit geringeren Selbstbeteiligungen und höheren Entschädigungsgrenzen darstellen.

4.3.2.3 Ausschnittsdeckungen

Anstelle einer Allgefahrendeckung wie bei der vorgestellten Smartphone-Versicherung könnten Blockchain-basierte Versicherungen für definierte Gefahren angeboten werden, die nicht vom Versicherungsnehmer beeinflusst werden können. Ein mögliches Produkt in diesem Bereich wäre die Rückversicherung von Herstellergarantien, die auf der Grundlage von Condition-Monitoring-Systemen (CMS) realisiert werden könnte. Unter der Voraussetzung, dass das CMS bei Schäden an der Maschine sicher bestimmen kann, ob es sich dabei um einen Schaden handelt, der unter die Garantie fällt oder nicht, könnte die Zahlung der Entschädigung direkt an die Feststellung eines Defektes durch das CMS gebunden werden. Neben den Kosten, die der Hersteller für die Behebung des Garantieschadens tragen muss, könnte diese Versicherung auch den Ertragsausfall des Betreibers abdecken.

4.3.2.4 Schadenregulierung durch dezentrale Orakel

Mit dem in Delphi Systems (2017, S. 7ff.) vorgestellten dezentralen Orakel ist es theoretisch möglich, beliebige Fragen dezentral beantworten zu lassen. Daher könnte das Orakel auch dafür eingesetzt werden, um über die Regulierung von Schäden zu entscheiden, die sich nicht anhand zuvor bestimmter Parameter automatisch regulieren lassen. Gegen diese Vorgehensweise sprechen gegenwärtig aber die folgenden Argumente:

• Der Kunde müsste sich damit einverstanden erklären, dass die für die Schadenregulierung relevanten Daten öffentlich zugänglich gemacht werden. Dies wirft auch datenschutzrechtliche Fragen auf.

• Der Kunde müsste akzeptieren, dass die dezentrale Schadenregulierung Schäden möglicherweise zu seinen Ungunsten reguliert und die Regulierung verbindlich ist. Dies wirft auch versicherungsrechtliche Fragen auf.

• Mit Delphi handelt es sich um das ausgereifteste öffentliche dezentrale Orakel. Auch dieses befindet sich allerdings derzeit noch im Entwicklungsstadium.

• Die dezentrale Regulierung muss so gestaltet werden, dass weder Versicherer noch Versicherungsnehmer benachteiligt werden und keine falschen Anreize für die Regulierer geschaffen werden.

In Anbetracht der beschriebenen Probleme erscheint eine Schadenregulierung durch dezentrale Orakel derzeit noch nicht in der Praxis umsetzbar.

4.3.2.5 Kooperation mit Erst- oder Führungsversicherer

In der Versicherungsbranche ist es üblich, das Risiko von großen Verträgen durch ein Konsortium aus einem führenden Versicherer und beteiligten Versicherern aufzuteilen. Außerdem haben Versicherungsunternehmen die Möglichkeit, auch einzelne Risiken in die Rückversicherung zu geben, wenn diese die eigene Zeichnungskapazität übersteigen. Diese beiden Konzepte haben miteinander gemein, dass die Leistung der nachgelagerten Verträge (die Verträge mit den beteiligten Versicherern oder die Rückversicherungspolice) direkt von der Schadenregulierung des Hauptvertrages abhängen. In der Regel folgen die beteiligten Unternehmen dabei den Entscheidungen des führenden- bzw. Erstversicherers und halten dies in Form einer Führungsklausel vertraglich fest.

Beteiligungs- und Rückversicherungsverträge könnten daher durch Smart Contracts realisiert werden, so dass die Entschädigung direkt von der Regulierung des Hauptvertrages ausgelöst wird. Da die Schadenregulierung immer auch zu Lasten des Erstversicherers geht, können die Beteiligten davon ausgehen, dass die Regulierung durch den Erstversicherer in ihrem Interesse ausgeführt wird. Ein ähnliches Konzept wird von der B3i mit dem XoL-Reinsurance-Produkt verfolgt (vgl. Abschnitt 2.5.2): Hier erkennen die beteiligten Versicherer den Vertragsinhalt und die Regulierung im Rahmen der Smart Contracts als verbindlich an, Zahlungen werden jedoch nicht automatisch durch die Smart Contracts ausgeführt (vgl. Allianz Technology SE, 2018).

Nachdem in diesem Abschnitt ein Versicherungskonzept zur Umsetzung der SWOT-Strategien, sowie Lösungsansätze für die verbleibenden Herausforderungen entwickelt wurden, werden diese im folgenden Kapitel kritisch bewertet.

Kapitel 5

Diskussion

Die Bewertung des vorgestellten Konzeptes wird anhand der Kriterien durchgeführt, die als Ergebnis der SWOT-Analyse in Kapitel 5 als Voraussetzungen für die Eignung von Smart Contracts für Versicherungsprodukte identifiziert wurden. Dabei handelt es sich um die folgenden Punkte, die im Anschluss einzeln betrachtet werden:

- Vollständige Automatisierbarkeit bzw. Möglichkeit der Dunkelverarbeitung

- Erfüllung der rechtlichen Rahmenbedingungen

- Strategie zum Umgang mit verbleibenden rechtlichen Unsicherheiten

5.1 Dunkelverarbeitung

Das vorgestellte Programm bietet die Möglichkeit, den Versicherungsprozess weitgehend zu automatisieren. Hierfür müssen als Ergänzung zu den entwickelten Smart Contracts die entsprechenden Gegenstücke außerhalb der Blockchain implementiert werden. Aus der Betrachtung herausgelöst ist dabei die Reparatur des Smartphones, die zwar durch Menschen geleistet wird, wie in Abbildung 5.1 dargestellt allerdings keinen Teil des Prozesses innerhalb des Versicherungsunternehmens darstellt. Damit bietet die vorgestellte Smartphoneversicherung das gleiche Maß an Automatisierung, über das beispielsweise KFZ-Versicherungen verfügen, die vollständig dunkelverarbeitet werden, jedoch ebenfalls eine Reparatur des beschädigten Fahrzeuges beinhalten.

ABBILDUNG 5.1: Versicherungsprozess aus Sicht des Versicherers und des Dienstleisters

Eines der Ziele der Dunkelverarbeitung ist die Kostenreduzierung, weshalb auch die Kosten der Verlagerung von Teilen des Versicherungsprozesses in die Blockchain betrachtet werden müssen. Die vorgestellte Smartphone-Versicherung verursacht dabei die in Tabelle 5.1 dargestellten, nach Funktionen des Programms und Phasen des Versicherungsprozesses aufgeschlüsselten Gaskosten.[1] Der Datenaustausch mit der Blockchain erfolgt dabei wie in Abschnitt 2.3.3.2 beschrieben durch Transaktionen.

Einmalige Kosten		Laufende Kosten	
Setup		Erstellung der Police & Vertragsende	Schadenfall
Insurance():	3.706.008	buyPolicy(): 241.424	makeClaim(): 141.862
ClaimsManager():	2.921.120	validatePolicy(): 35.540	confirmClaim(): 194.992
Insurance.setup():	193.576	cancelPolicy(): 22.158	settleClaim(): 85.286
Summe:	6.820.704	299.122	422.140
In EUR:[2]	8,88	0,39	0,55

TABELLE 5.1: Gaskosten der Smartphone-Versicherung

Die einmaligen Kosten zur Einrichtung der Plattform fallen auf einen Gesamtbestand von Versicherungspolicen bemessen verschwindend gering aus. Die laufenden Kosten durch die Verwendung von Smart Contracts sind sowohl im Vergleich zu den absoluten, als auch im Vergleich zu den anteiligen durchschnittlichen IT-Kosten der Sachversicherung gering: Die durchschnittlichen absoluten Kosten liegen bei 7-10 EUR pro Jahr bezogen auf alle Sparten und Vertragsgrößen. Einen besseren Vergleich liefert die Betrachtung der durchschnittlichen Kosten. Bezogen auf die Versicherungsprämie des Produktes be relaxed liegen die anteiligen Kosten abhängig von

---

[1]Die Kosten wurden mithilfe des in der Remix IDE integrierten Tools zur Abschätzung von Gaskosten ermittelt und können unter realen Bedingungen geringfügig abweichen.

[2]Die Gaskosten wurden mit Ether-Kurs vom 19.03.18 auf https://ethgasstation.info/ in EUR umgerechnet. Als Gaspreis wurden 3 Gwei angesetzt für eine mittlere Wartezeit von 33 Sekunden für die Verarbeitung der Transaktion. Die mittlere Wartezeit kann durch die Wahl des Gaspreises beeinflusst werden.

Versicherungssumme und Deckungsumfang bei einem Kostensatz von durchschnittlich 3,5% des Umsatzes zwischen 1,66 EUR und 3,32 EUR pro Jahr.

Um ein mögliches Einsparpotential zuverlässig bewerten zu können, müssten die folgenden Faktoren ebenfalls berücksichtigt werden:

- Berücksichtigung der Kosten für IT, die ergänzend zu Smart Contracts vom Versicherer eingesetzt werden muss

- Verbesserung der Vergleichsdaten: Die vorliegenden GDV-Zahlen bilden den Durchschnitt aus der Gesamten Sachversicherungsbranche, diese sollten durch konkrete Zahlen für vergleichbare Versicherungsprodukte ersetzt werden (Direktversicherung mit relativ geringem Prämienvolumen und hohem Grad an Dunkelverarbeitung)

Die vorliegenden Zahlen legen jedoch nahe, dass Kosteneinsparungen durch die Verlagerung von Teilen des Versicherungsprozesses in die Blockchain möglich sind.

5.2 Rechtliche Rahmenbedingungen

Um zu bewerten, ob das entwickelte Versicherungsprodukt die rechtlichen Anforderungen erfüllt, werden diese im Folgenden nacheinander betrachtet.

5.2.1 Versicherungsaufsichtsgesetz

Die möglichen finanziellen Schäden durch Fehler oder Sicherheitslücken in den Smart Contracts können durch geringe Volumen in Versicherungssummen und Anzahl der Verträge kontrollierbar gehalten werden. Ebenso sollte das Ether-Guthaben des Insurance-Contracts für anfallende Erstattungen zwar ausreichend bemessen, durch regelmäßige Abbuchungen jedoch möglichst gering gehalten werden.

Durch weitgehende Automatisierung des Versicherungsprozesses im Zuge des vorgestellten Konzeptes verringert sich das Risiko menschlicher Fehler, was wiederum zu einer Reduzierung des operationellen Risikos und damit auch des notwendigen Solvenzkapitals führt. Dies kann die gesteigerte Kapitalanforderung durch die Verwendung einer noch nicht vollständig ausgereiften Technologie in Teilen kompensieren. Die Kapitalanforderung für operationelle, und darin enthalten rechtliche Risiken, darf wie in Kapitel 3 beschrieben 30% der Basissolvenzkapitalanforderung nicht überschreiten.

Die Vertragsinhalte werden im vorgestellten Konzept zwar in der Blockchain dokumentiert und Transaktionen darüber ausgeführt, die Durchsetzung der Vertragsinhalte erfolgt dabei aber auf traditionellem Wege, da sie von Versicherer und Versicherten manuell angestoßen und im Streitfall gerichtlich geltend gemacht werden müssen. Die entwickelten Smart Contracts enthalten keine Code-is-Law Komponente, die im Falle eines Fehlers nicht überstimmt werden könnte. Daher unterscheidet sich die vorgestellte Versicherung in dieser Hinsicht nicht von bestehenden App-basierten Versicherungen. Es ist also davon auszugehen, dass die Anforderung an die Solvenzkapitalzusammensetzung durch das vorgestellte Konzept eingehalten werden kann.

5.2.2 Versicherungsvertragsgesetz

Bei der entwickelten Versicherung handelt es sich um einen Fernabsatzvertrag gemäß §312c BGB, weshalb eine Beratung durch den Versicherer hier nicht verpflichtend ist. Die Informations- und Aufklärungspflichten kann der Versicherer analog zu bestehenden Internetversicherungen erfüllen, indem Kunden die erforderlichen Dokumente in digitaler Form ausgehändigt und diese auf der Internetseite des Versicherers zur Verfügung gestellt werden.

Das vorgestellte Konzept enthält die Möglichkeit, die Versicherungsverträge innerhalb von 14 Tagen nach Abschluss zu widerrufen und nach dem Schadenfall zu kündigen. Darüber hinaus können Verträge in besonderen Fällen manuell gekündigt werden, zum Beispiel nach Veräußerung des versicherten Smartphones.

Die Anforderungen des VVG werden daher durch das vorliegende Konzept erfüllt.

5.2.3 Kreditwesengesetz

Da die Kryptowährung Ether im vorliegenden Konzept lediglich als Ersatz für Bar- und Buchgeld verwendet wird, findet das KWG hier keine Anwendung.

5.2.4 Datenschutz

Die Blockchain-basierte Versicherung erfüllt die Grundsätze der Datensicherheit des GDV-Verhaltenskodex im folgenden Maße (vgl. GDV, 2012, Art. 4):

1. *Vertraulichkeit* - Bei den Transaktionsdaten selbst handelt es sich laut Pesch und Böhme (2017) bereits um sensible Daten. Darüber hinaus werden in der Blockchain die Zeitpunkte vom Beginn von Policen und dem Eintritt von Schäden, Versicherungssummen, gezahlte Prämien, Ursachen und der Status von Policen als Klartext gespeichert. Die Daten sind jedoch nicht ohne weiteres bestimmten Nutzern zuzuordnen, da diese ausschließlich in Form ihrer EOA in den vorgestellten Smart Contracts identifiziert werden. Darüber hinaus werden die Hashwerte von weiteren persönlichen Daten in der Blockchain gespeichert.

   Inwiefern die durch die Verwendung von EOA anonymisierten, öffentlich gespeicherten Daten die Auflagen an den Datenschutz erfüllen, ist zum gegenwärtigen Zeitpunkt nicht abschließend geklärt, für in der Blockchain aktive Unternehmen wie Etherisc scheint dies jedoch kein Problem darzustellen.

   Neben den Vertragsdaten, die als Teil des Versicherungsprogramms in der Blockchain benötigt werden, enthält diese im vorliegenden Konzept auch die Hashwerte von persönlichen Daten. Inwiefern die Hashwerte sensibler Daten für sich genommen ebenfalls sensible Daten darstellen ist gegenwärtig ebenfalls nicht geklärt. Dagegen spricht zum einen, dass laut Anlage zu §9 Satz 1 BDSG dem Stand der Technik entsprechende Verschlüsselungsverfahren dazu geeignet sind, die Zugangskontrolle für sensible Daten umzusetzen. Zum Anderen lassen sich aus einem Hashwert nicht dessen ursprüngliche Daten zurückgewinnen.[3]

2. *Integrität* - Das vorliegende Konzept ist dazu geeignet, personenbezogene Daten unversehrt, vollständig und aktuell zu halten.

3. *Verfügbarkeit* - Die Verfügbarkeit und ordnungsgemäße Verarbeitbarkeit ist für Daten gegeben, die in der Blockchain gespeichert werden.

---

[3]Der Angriff auf eine Hashfunktion, bei dem versucht wird, einen Datensatz D' zu finden, für den gilt H(D) = H(D') mit H = Hashfunktion, D = ursprünglicher Datensatz, wird als Urbild-Angriff bzw. Preimage-Attack bezeichnet. Da es sich bei Hashfunktionen um eine verlustbehaftete Kompression handelt, kann jedoch selbst im Falle eines erfolgreichen Urbild-Angriffs nicht sicher von D' auf den Inhalt von D geschlossen werden; D' ist lediglich eine von mehreren möglichen Lösungen für D. Für weitere Informationen zu Angriffen auf Hashfunktionen vgl. auch (Rogaway und Shrimpton, 2004)

4. *Authentizität* - Durch die Verwendung der einzigartigen EOA von Kunden können Daten innerhalb der Blockchain im vorliegenden Konzept jederzeit ihrem Ursprung zugeordnet werden.

5. *Revisionsfähigkeit* - Da jede Transaktion innerhalb der Blockchain dauerhaft gespeichert wird, kann darüber festgestellt werden, wer wann welche Daten in welcher Weise verarbeitet hat.

6. *Transparenz* - Durch die Transaktionshistorie lässt sich nicht nur der Urheber der Datenverarbeitung, sondern auch die Verfahrensweise nachvollziehen, was durch das Transparenzgebot gefordert wird.

Neben der Verschlüsselung von Daten, die in der Blockchain gespeichert werden, sollte auch sichergestellt werden, dass für den Abschluss der Versicherung separate EOA verwendet werden, damit aus deren Transaktionshistorie keine Informationen über die Nutzer abgeleitet werden können (vgl. Pesch und Böhme, 2017).

Daten innerhalb der Blockchain können gegenwärtig nicht gelöscht werden, daher tritt an die Stelle der Löschung das Erfordernis, Daten die nicht länger benötigt werden für eine weitere Verarbeitung durch den Versicherer zu sperren (vgl. GDV, 2012, Art. 24). Diese Anforderungen lassen sich dadurch realisieren, dass der Versicherer die lokal gespeicherten sensiblen Daten nach der Verwendung löscht, da dadurch auch die in der Blockchain gespeicherten Daten der Kunden für ihn nicht länger brauchbar sind.

Die restlichen Punkte des CoC betreffen den organisatorischen Datenschutz sowie die Teile des Versicherungskonzeptes, die off-chain realisiert werden. Das vorliegende Konzept erfordert hier keine Änderung zu den bestehenden Strukturen, über die Versicherer bereits verfügen müssen.

5.2.5 Geldwäschegesetz

Da es sich beim vorgestellten Konzept um eine reine Sachversicherung handelt, findet das GwG hier keine Anwendung.

5.3 Umgang mit rechtlichen Unsicherheiten

Wie stark ein Versicherungsprodukt auf Basis von Smart Contracts rechtlichen Unsicherheiten unterliegt, hängt davon ab, ob das gewählte Konzept eine traditionelle oder eine nicht-traditionelle Umsetzung der Verträge vorsieht. Die nicht-traditionellen Durchsetzung von Verträgen wirft rechtliche Fragen auf, wie die nach der rechtlichen Verbindlichkeit von Smart Contracts. Solange diese Frage nicht durch den Gesetzgeber beantwortet ist, besteht für die Verwendung von Smart Contracts mit nicht-traditioneller Durchsetzung ein Mangel an Rechtssicherheit.

Zum Umgang mit dieser fehlenden Rechtssicherheit gibt es verschiedene Strategien. Zum einen besteht die Möglichkeit, abzuwarten bis der Gesetzgeber die Frage der Verbindlichkeit von Verträgen mit nicht-traditioneller Durchsetzung beantwortet hat. Es ist zwar davon auszugehen, dass eine Entscheidung zu dieser Frage fallen wird, wann dies der Fall sein wird, lässt sich jedoch noch nicht abschätzen (vgl. auch BaFin, 2017a).

Eine weniger passive Möglichkeit die rechtliche Unsicherheit zu reduzieren besteht darin, Smart Contracts inhaltlich an ihre realen Gegenstücke anzugleichen, sodass der Quellcode eines Smart Contracts den rechtlichen Anforderungen an einen Vertrag genügt und vor Gericht als solcher bewertet werden kann. Dieser Ansatz wird von den in Abschnitt 2.2 vorgestellten Ricardian Contracts verfolgt. Es existieren verschiedene Projekte, die das Ziel haben, rechtliche Verbindlichkeit von Smart Contracts durch die Verwendung von Ricardian Contracts zu erreichen. Darunter fällt das Unternehmen Monax,[4] dessen Plattform genutzt wurde, um rechtlich verbindliche Prototypen von Smart Contracts für Finanzinstrumente zu schaffen (vgl. Monax, 2017). Die Entwicklung von rechtlich bindenden Smart Contracts auf Basis von Ricardian Contracts wird ebenfalls von der Barclays Bank vorangetrieben.[5] Beide Initiativen haben dabei gemein, dass sich die Entwicklungen zunächst auf die Erstellung von Finanzinstrumenten und nicht auf Versicherungsprodukte durch Smart Contracts konzentrieren.

Das im vorherigen Kapitel entwickelte Versicherungskonzept basiert dagegen auf einer traditionellen Durchsetzung der Verträge. Daher ergeben sich rechtliche Unsicherheiten in erster Linie aus der Frage, ob die geltenden Datenschutzrichtlinien entsprechend der zuvor genannten Argumente erfüllt werden. Die Einhaltung des Datenschutzes sollte von der Rechtsabteilung und gegebenenfalls externen Fachleuten geprüft werden. Sofern diese zu dem Schluss kommen, dass der Datenschutz innerhalb einer public Blockchain nicht gewahrt werden kann, besteht als

---

[4]Vgl. auch http://www.monax.io
[5]Vgl. auch: (Barclays, 2016); Bei einem der Autoren von Clack u. a. (2016b) und Clack u. a. (2016a), Lee Braine, handelt es sich zudem um einen Mitarbeiter von Barclays.

Alternative die Möglichkeit, die Versicherungsplattform innerhalb einer Private Blockchain zu realisieren. Die aus der nicht-traditionellen Durchsetzung von Verträgen resultierende rechtliche Unsicherheit wird durch das vorgestellte Konzept vermieden. Dies hat allerdings die Folge, dass die vorliegenden Smart Contracts weniger autonom agieren, als dies bei nicht-traditioneller Umsetzung idealerweise der Fall wäre. Daraus resultieren im Vergleich zu einer vollständig dezentralen Plattform geringere potentielle Kostenvorteilen gegenüber der klassischen Vertragsbearbeitung, da der Versicherer Kosten für eine eigene IT aufwenden muss (vgl. Abschnitt 3.1.3.10).

Das Ziel der vollständig dezentralen Realisierung von komplexen Sachversicherungsverträgen durch Smart Contracts kann mit dem vorliegenden Konzept nicht erreicht werden. Dies liegt sowohl an den hier beschriebenen rechtlichen Unsicherheiten, die mit diesem Ansatz verbunden sind, als auch an den zuvor beschriebenen technischen Schwierigkeiten bei der dezentralen Regulierung von komplexen Sachschäden.

5.4 Ausblick

Die beiden wesentlichen Hürden bei der Umsetzung einer vollkommen dezentralen komplexen Sachversicherung liegen zum einen in der rechtlichen Unsicherheit und zum anderen in der dezentralen Regulierung komplexer Schäden. Ein Lösungsansatz für das erstgenannte Problem bilden Ricardian Contracts. Diese sind Gegenstand der Forschung durch Clack und werden in der Praxis durch Anwendungen im Finanzmarkt vorangetrieben. Das von Clack u. a. (2016b) formulierte Ziel besteht dabei darin, zunächst eine Programmiersprache zu entwickeln, die sowohl in maschinenlesbaren Code als auch in rechtsgültige Verträge kompiliert werden kann. Darauf aufbauend wird als langfristiges Ziel eine Programmiersprache genannt, deren Quelltext rechtlich bindend ist, für die also die Umwandlung in einen rechtsgültigen Vertrag entfällt (vgl. Abbildung 5.2). Dieser Weg könnte auch für die Anwendung im Versicherungsbereich von Nutzen sein, um die rechtliche Unsicherheit von Smart Contracts mit nicht-traditioneller Durchsetzung zu reduzieren.

Das zweite Problem einer komplexen dezentralen Versicherung stellt die Schadenregulierung dar. Hier bietet das Unternehmen Delphi mit dem vorgestellten dezentralen Orakel einen vielversprechenden Ansatz, der zum gegenwärtigen Zeitpunkt allerdings noch nicht ausgereift ist (vgl. auch Delphi Systems, 2017). Die weitere Entwicklung dieses Projektes ist für die vorliegende Fragestellung daher ebenfalls relevant.

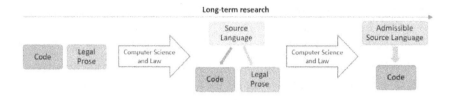

ABBILDUNG 5.2: Langfristige Ziele bei der Entwicklung von Ricardian Contracts (Clack u. a., 2016b)

Die konkrete Umsetzung des in dieser Arbeit vorgestellten Versicherungskonzeptes kann vorangetrieben werden, indem die entwickelten Smart Contracts mit Hilfe der in Abschnitt 4.3.1 beschriebenen Methoden sicherer gemacht werden. Darüber hinaus könnte das Konzept auf ein Token-System umgestellt werden anstelle der derzeit verwendeten Kryptowährung, um das Risiko von Kursschwankungen zu eliminieren. Die Verwendung eines derartigen Token-Systems wird in Mussenbrock (2017b) beschrieben.

Neben der Verbesserung der entwickelten Smart Contracts sollte durch juristische Fachleute geprüft werden, ob durch die Verwendung von gehashten Daten und pseudonymen EOA-Adressen die Anforderungen an den Datenschutz erfüllt werden, wie es in dieser Arbeit vorgeschlagen wird. Darüber hinaus kann sich durch die Überarbeitung des Datenschutz-CoC des GDV weiterer Handlungsbedarf ergeben.

Kapitel 6

Fazit

Smart Contracts haben das Potential, durch Dunkelverarbeitung die Kosten von Versicherungsverträgen zu reduzieren. Diese Kostenreduzierung bietet einen Anreiz, Smart Contracts für Versicherungsanwendungen zu nutzen. Dafür müssen Versicherungsprodukte auf Basis von Smart Contracts allerdings die geltenden rechtlichen Rahmenbedingungen erfüllen. Außerdem können sich aus der Verwendung von Smart Contracts unabhängig von den zuvor genannten Rahmenbedingungen rechtliche Unsicherheiten ergeben, da die rechtliche Verbindlichkeit von Smart Contracts, die nicht-traditionell durchgesetzt werden, derzeit nicht geklärt ist. Dies sind die wesentlichen Anforderungen an Smart Contracts, die aus der SWOT-Analyse abgeleitet wurden und die Antwort auf den ersten Teil der Forschungsfrage bilden.

Das in dieser Arbeit entwickelte Konzept vermeidet die rechtliche Unsicherheit der nicht-traditionellen Durchsetzung, in dem die Smart Contracts stattdessen traditionell durchgesetzt werden. Zusammen mit der im Konzept vorgesehenen zentralen Schadenregulierung durch ein Reparaturunternehmen hat dies zur Folge, dass das Konzept nicht vollkommen dezentral ist. Gegenüber einem vollständig dezentralen Konzept ergeben sich dadurch die Nachteile, dass die theoretischen Einsparpotentiale durch Auslagerung von der IT in die Blockchain nicht voll ausgeschöpft werden können, da der Versicherer und der Dienstleister eigene IT vorhalten und Teile des Versicherungsprozesses selbst durchführen müssen, anstatt beides vollständig in die Blockchain auszulagern.

Dafür verfügt das Konzept neben der bereits genannten Vermeidung rechtlicher Unsicherheit über den Vorteil, dass die rechtlichen Anforderungen an ein Versicherungsprodukt erfüllt werden und trotz des teilweise zentralen Ansatzes das Potential für Kostenreduzierungen durch

Dunkelverarbeitung besteht. Die Antwort auf den zweiten Teil der Forschungsfrage ist daher, dass Smart Contracts die Voraussetzungen für die Nutzung für komplexe Versicherungsprodukte gegenwärtig nur teilweise erfüllen. Denn die Nutzung von Smart Contracts ist nur unter Verzicht auf die vollständige Dezentralisierung möglich. Dennoch bieten Smart Contracts auch in ihrem jetzigen Zustand für Versicherer ein Kostensenkungspotential, da sie eine weitreichende Dunkelverarbeitung von Verträgen ermöglichen wie anhand des entwickelten Konzeptes beschrieben wird.

Während der Erstellung dieser Arbeit wurde der in Abschnitt 1.1.3 beschriebene Meilensteinplan grundsätzlich eingehalten, die Entwicklung des Versicherungskonzeptes nahm dabei allerdings mehr Zeit in Anspruch als geplant, da die Programmierung der Smart Contracts nicht innerhalb des geplanten Zeitrahmens fertiggestellt werden konnte. Ansätze für weiterführende Arbeiten zu dem behandelten Thema bestehen zum einen in der Lösung der Probleme der rechtlichen Unsicherheit sowie der dezentralen Schadenregulierung um eine vollständig dezentrale komplexe Versicherung zu ermöglichen und zum anderen in der Weiterentwicklung des dargestellten Versicherungsproduktes.

Anhang A

Geschäftsentwicklung der Sachversicherung in Deutschland im Jahr 2016

Versicherungszweig	Einnahmen		Leistungen		Combined Ratio		Schadenquote	Kostenquote	Verträge[a]	
	Mrd. EUR	Δ in %	Mrd. EUR	Δ in %	%	Vorjahr in %	%	%	Mio	Δ in %
Sachversicherung insgesamt	18,7	3,7	13,9	6,8	101,0	99,3	74,3	26,7	72,2	1,12
Privat Sach	10,3	5,0	6,7	5,5	95,0	94,1	65,0	30,0	54,8	0,74
- Wohngebäude	6,8	7,0	5,0	6,0	101,0	101,4	73,5	27,5	19,4	0,52
- Hausrat	3,0	2,0	1,5	5,0	83,0	81,5	50,0	33,0	25,8	1,57
Nicht-Privat Sach	8,4	2,2	7,2	8,0	107,0	105,3	85,7	21,3	17,4	2,35
- Industrie, Gewerbe, Landwirtschaft	6,4	2,0	5,8	7,5	113,0	110,3	90,6	22,4	13,0	1,56
- Technische Versicherung	2,1	3,0	1,4	10,0	91,0	89,5	66,7	24,3	4,4	4,76

TABELLE A.1: Geschäftsentwicklungen der Sachversicherung in Deutschland im Jahr 2016, Quelle: http://www.gdv.de/2017/01/geschaeftsentwicklung-2016-alle-zahlen-im-ueberblick/

[a]Zahlen für Verträge sind abweichend auf dem Stand 2015

Anhang B

§1 der Informationspflichtenverordnung - Informationspflichten der Versicherungsunternehmen

Verordnung über Informationspflichten bei Versicherungsverträgen (VVG-Informationspflichtenverordnung - VVG-InfoV) § 1 Informationspflichten bei allen Versicherungszweigen

(1) Der Versicherer hat dem Versicherungsnehmer gemäß § 7 Abs. 1 Satz 1 des Versicherungsvertragsgesetzes folgende Informationen zur Verfügung zu stellen:

1. die Identität des Versicherers und der etwaigen Niederlassung, über die der Vertrag abgeschlossen werden soll; anzugeben ist auch das Handelsregister, bei dem der Rechtsträger eingetragen ist, und die zugehörige Registernummer;

2. die Identität eines Vertreters des Versicherers in dem Mitgliedstaat der Europäischen Union, in dem der Versicherungsnehmer seinen Wohnsitz hat, wenn es einen solchen Vertreter gibt, oder die Identität einer anderen gewerblich tätigen Person als dem Anbieter, wenn der Versicherungsnehmer mit dieser geschäftlich zu tun hat, und die Eigenschaft, in der diese Person gegenüber dem Versicherungsnehmer tätig wird;

3. die ladungsfähige Anschrift des Versicherers und jede andere Anschrift, die für die Geschäftsbeziehung zwischen dem Versicherer, seinem Vertreter oder einer anderen gewerblich tätigen Person gemäß Nummer 2 und dem Versicherungsnehmer maßgeblich ist, bei juristischen Personen, Personenvereinigungen oder -gruppen auch den Namen eines Vertretungsberechtigten;

4. die Hauptgeschäftstätigkeit des Versicherers;

5. Angaben über das Bestehen eines Garantiefonds oder anderer Entschädigungsregelungen, die nicht unter die Richtlinie 94/19/EG des Europäischen Parlaments und des Rates vom 30. Mai 1994 über Einlagensicherungssysteme (ABl. EG Nr. L 135 S. 5) und die Richtlinie 97/9/EG des Europäischen Parlaments und des Rates vom 3. März 1997 über Systeme für die Entschädigung der Anleger (ABl. EG Nr. L 84 S. 22) fallen; Name und Anschrift des Garantiefonds sind anzugeben;

6. • die für das Versicherungsverhältnis geltenden Allgemeinen Versicherungsbedingungen einschließlich der Tarifbestimmungen;

   • die wesentlichen Merkmale der Versicherungsleistung, insbesondere Angaben über Art, Umfang und Fälligkeit der Leistung des Versicherers;

7. den Gesamtpreis der Versicherung einschließlich aller Steuern und sonstigen Preisbestandteile, wobei die Prämien einzeln auszuweisen sind, wenn das Versicherungsverhältnis mehrere selbständige Versicherungsverträge umfassen soll, oder, wenn ein genauer Preis nicht angegeben werden kann, Angaben zu den Grundlagen seiner Berechnung, die dem Versicherungsnehmer eine Überprüfung des Preises ermöglichen;

8. gegebenenfalls zusätzlich anfallende Kosten unter Angabe des insgesamt zu zahlenden Betrages sowie mögliche weitere Steuern, Gebühren oder Kosten, die nicht über den Versicherer abgeführt oder von ihm in Rechnung gestellt werden; anzugeben sind auch alle Kosten, die dem Versicherungsnehmer für die Benutzung von Fernkommunikationsmitteln entstehen, wenn solche zusätzlichen Kosten in Rechnung gestellt werden;

9. Einzelheiten hinsichtlich der Zahlung und der Erfüllung, insbesondere zur Zahlungsweise der Prämien;

10. die Befristung der Gültigkeitsdauer der zur Verfügung gestellten Informationen, beispielsweise die Gültigkeitsdauer befristeter Angebote, insbesondere hinsichtlich des Preises;

11. gegebenenfalls den Hinweis, dass sich die Finanzdienstleistung auf Finanzinstrumente bezieht, die wegen ihrer spezifischen Merkmale oder der durchzuführenden Vorgänge mit speziellen Risiken behaftet sind, oder deren Preis Schwankungen auf dem Finanzmarkt unterliegt, auf die der Versicherer keinen Einfluss hat, und dass in der Vergangenheit erwirtschaftete Beträge kein Indikator für künftige Erträge sind; die jeweiligen Umstände und Risiken sind zu bezeichnen;

12. Angaben darüber, wie der Vertrag zustande kommt, insbesondere über den Beginn der Versicherung und des Versicherungsschutzes sowie die Dauer der Frist, während der der Antragsteller an den Antrag gebunden sein soll;

13. das Bestehen oder Nichtbestehen eines Widerrufsrechts sowie die Bedingungen, Einzelheiten der Ausübung, insbesondere Namen und Anschrift derjenigen Person, gegenüber der der Widerruf zu erklären ist, und die Rechtsfolgen des Widerrufs einschließlich Informationen über den Betrag, den der Versicherungsnehmer im Falle des Widerrufs gegebenenfalls zu zahlen hat;

14. Angaben zur Laufzeit und gegebenenfalls zur Mindestlaufzeit des Vertrages;

15. Angaben zur Beendigung des Vertrages, insbesondere zu den vertraglichen Kündigungsbedingungen einschließlich etwaiger Vertragsstrafen;

16. die Mitgliedstaaten der Europäischen Union, deren Recht der Versicherer der Aufnahme von Beziehungen zum Versicherungsnehmer vor Abschluss des Versicherungsvertrages zugrunde legt;

17. das auf den Vertrag anwendbare Recht, eine Vertragsklausel über das auf den Vertrag anwendbare Recht oder über das zuständige Gericht;

18. die Sprachen, in welchen die Vertragsbedingungen und die in dieser Vorschrift genannten Vorabinformationen mitgeteilt werden, sowie die Sprachen, in welchen sich der Versicherer verpflichtet, mit Zustimmung des Versicherungsnehmers die Kommunikation während der Laufzeit dieses Vertrages zu führen;

19. einen möglichen Zugang des Versicherungsnehmers zu einem außergerichtlichen Beschwerde- und Rechtsbehelfsverfahren und gegebenenfalls die Voraussetzungen für diesen Zugang; dabei ist ausdrücklich darauf hinzuweisen, dass die Möglichkeit für den Versicherungsnehmer, den Rechtsweg zu beschreiten, hiervon unberührt bleibt;

20. Name und Anschrift der zuständigen Aufsichtsbehörde sowie die Möglichkeit einer Beschwerde bei dieser Aufsichtsbehörde.

(2) Soweit die Mitteilung durch Übermittlung der Vertragsbestimmungen einschließlich der Allgemeinen Versicherungsbedingungen erfolgt, bedürfen die Informationen nach Absatz 1 Nr. 3, 13 und 15 einer hervorgehobenen und deutlich gestalteten Form.

Literaturverzeichnis

[Allianz SE 2017]   ALLIANZ SE: *Allianz Group SFCR 2016 Solvency and Financial Condition Report.* 2017. – URL https://www.allianz.com/v_1498485156000/media/investor_relations/en/results_reports/SFCR/en-Allianz-Group-SFCR.pdf. – Zugriffsdatum: 11.02.2018

[Allianz SE 2018]   ALLIANZ SE: *Mit Open Source die Intelligenz der gesamten Branche nutzen.* 2018. – URL https://www.allianz.com/de/presse/news/geschaeftsfelder/versicherung/180129_allianz-baut-offene-plattform-auf/. – Zugriffsdatum: 23.03.2018

[Allianz Technology SE 2018]   ALLIANZ TECHNOLOGY SE: *Inquiry about the B3i ans its XoL Reinsurance Product - E-Mail.* 2018

[Antonopoulos 2017]   ANTONOPOULOS, A. M.: *Mastering Bitcoin: Programming the Open Blockchain.* O'Reilly Media, 2017. – URL https://books.google.de/books?id=MpwnDwAAQBAJ. – ISBN 9781491954362

[Apache Software Foundation 2017]   APACHE SOFTWARE FOUNDATION: *Apache Kafka - Introduction.* 2017. – URL https://kafka.apache.org/intro. – Zugriffsdatum: 30.01.2018

[Arslan und Er 2008]   ARSLAN, Ozcan ; ER, Ismail D.: SWOT analysis for safer carriage of bulk liquid chemicals in tankers. In: *Journal of hazardous materials* 154 (2008), Nr. 1-3, S. 901–913. – ISSN 0304-3894

[AXA 2017a]   AXA: *AXA Global Parametrics: insurance, simplified.*   2017.   –   URL   https://www.axa.com/en/newsroom/news/axa-global-parametrics-insurance-simplified#xtatc=

INT-1-[RelatedArticle::axa_goes_blockchain_with_fizzy::axa_global_
parametrics_insurance_simplified]. – Zugriffsdatum: 13.01.2018

[AXA 2017b]   AXA: *fizzy - Website*. 2017. – URL https://fizzy.axa/. – Zugriffsdatum:
13.01.2018

[B3i 2017]   B3I: *B3i potential and market impact*.   2017.   –   URL https:
//b3i.tech/single-news-reader/b3i-potential-and-market-impact.html?
file=files/B3i_Content/PDF/News%20and%20press%20releases/B3i_potential_
and_market_impact.pdf. – Zugriffsdatum: 19.12.2017

[B3i 2018]   B3I: *Our Product - B3i*. 2018. – URL https://b3i.tech/our-product.html.
– Zugriffsdatum: 30.01.2018

[BaFin 2006]   BAFIN: *Allgemeine Versicherungsbedingungen (AVB) und in diesem Zusammenhang auftretende Probleme bei der Überschussverwendung in der Rentenversicherung*.
2006. – URL https://www.bafin.de/dok/7873052. – Zugriffsdatum: 11.02.2018

[BaFin 2016]   BAFIN: *Virtuelle Währungen / Virtual Currency*. 2016. – URL https://www.
bafin.de/dok/7906360. – Zugriffsdatum: 10.02.2018

[BaFin 2017a]   BAFIN: *Bockchain-Technologie*. 2017. – URL https://www.bafin.de/DE/
Aufsicht/FinTech/Blockchain/blockchain_node.html. – Zugriffsdatum: 10.02.2018

[BaFin 2017b]   BAFIN: *Solvency II: Rechtsgrundlagen, Leitlinien und Auslegungsentschei-
dungen der BaFin*. 2017. – URL https://www.bafin.de/dok/7850436. – Zugriffsdatum:
11.02.2018

[BaFin 2017c]   BAFIN: *Versicherungsverträge abschließen - Fragen und Antworten*. 2017. –
URL https://www.bafin.de/dok/7848802. – Zugriffsdatum: 15.02.2018

[Bamberger und Wrona 2013]   BAMBERGER, Ingolf ; WRONA, Thomas: *Strategische Unter-
nehmensführung: Strategien, Systeme, Methoden, Prozesse*. 2., vollst. überarb. und erw. Aufl.
München : Vahlen, 2013 (Vahlens Handbücher der Wirtschafts- und Sozialwissenschaften). –
URL http://elibrary.vahlen.de/index.php?dokid=164. – ISBN 978-3-8006-4271-7

[Barclays 2016]   BARCLAYS: *Smart Contract Templates Summit - Slides*.   2016. –
URL   https://static1.squarespace.com/static/55f73743e4b051cfcc0b02cf/
t/5784f5dbebbd1aba2d3e400e/1468331499513/R3+Smart+Contract+Templates+
Summit+_FINAL.pdf

[Bartoletti und Pompianu 2017]   BARTOLETTI, Massimo ; POMPIANU, Livio: An empirical analysis of smart contracts: Platforms, applications, and design patterns.   In: SPRINGER (Hrsg.): *International Conference on Financial Cryptography and Data Security*.   Springer, 2017, S. 494–509. –   URL https://arxiv. org/pdf/1703.06322&ved=0ahUKEwjS3tXjltLUAhUqJpoKHZLJD_oQFggiMAI&usg= AFQjCNENeU19a8gJkNXPfVnALpaFMnEdKQ. – ISBN 978-3-319-70278-0

[Ben-Sasson u. a. 2013]   BEN-SASSON, Eli ; CHIESA, Alessandro ; GENKIN, Daniel ; TROMER, Eran ; VIRZA, Madars: *SNARKs for C: Verifying Program Executions Succinctly and in Zero Knowledge*. 2013. – URL https://eprint.iacr.org/2013/507.pdf. – Zugriffsdatum: 28.11.2017

[Berger 2016]   BERGER, Katrin: *Analyse und Bewertung zukünftiger Einsatzgebiete von Assistenzrobotern in produzierenden Unternehmen*. Elmshorn, Nordakademie, Masterthesis, 2016

[Bhargavan u. a. 2016]   BHARGAVAN, Karthikeyan ; SWAMY, Nikhil ; ZANELLA-BÉGUELIN, Santiago ; DELIGNAT-LAVAUD, Antoine ; FOURNET, Cédric ; GOLLAMUDI, Anitha ; GONTHIER, Georges ; KOBEISSI, Nadim ; KULATOVA, Natalia ; RASTOGI, Aseem ; SIBUT-PINOTE, Thomas: Formal Verification of Smart Contracts. In: MURRAY, Toby (Hrsg.): *Proceedings of the 2016 ACM Workshop on Programming Languages and Analysis for Security*. [S.l.] : ACM, 2016, S. 91–96. – ISBN 9781450345743

[BitFury Group 2015]   BITFURY GROUP: *Public versus Private Blockchains Part 1: Permissioned Blockchains*.   2015. –   URL http://bitfury.com/content/ 5-white-papers-research/public-vs-private-pt1-1.pdf.   –   Zugriffsdatum: 07.01.2018

[Brenneis 2018]   BRENNEIS, Friedemann ; ZEIT ONLINE (Hrsg.): *Bitcoin - Der verkannte Stromfresser*.   2018. –   URL http://www.zeit.de/digital/internet/2018-02/ bitcoin-energieverbrauch-strom-nachhaltigkeit. – Zugriffsdatum: 06.02.2018

[Buterin 2013]   BUTERIN, Vitalik: *Ethereum: The Ultimate Smart Contract and Decentralized Application Platform*. 2013. – URL http://web.archive.org/web/20131228111141/ http://vbuterin.com/ethereum.html. – Zugriffsdatum: 22.01.2018

[Buterin 2015]   BUTERIN, Vitalik: *Ethereum Development Tutorial - Github*. 2015. – URL https://github.com/ethereum/wiki/wiki/Ethereum-Development-Tutorial. – Zugriffsdatum: 27.03.2018

[Buterin 2017]   BUTERIN, Vitalik: *White Paper: Ethereum - A Next-Generation Smart Contract and Decentralized Application Platform*. 2017. – URL https://github.com/ethereum/wiki/wiki/White-Paper. – Zugriffsdatum: 27.03.2018

[Capgemini 2017]   CAPGEMINI: *World Insurance Report 2017*. 2017. – URL https://www.worldinsurancereport.com/download. – Zugriffsdatum: 24.12.2017

[Castro und Liskov 2002]   CASTRO, Miguel ; LISKOV, Barbara: Practical Byzantine fault tolerance and proactive recovery. In: *ACM Transactions on Computer Systems (TOCS)* 20 (2002), Nr. 4, S. 398–461. – ISSN 0734-2071

[CDU 2018]   CDU: *Ein neuer Aufbruch für Europa Eine neue Dynamik für Deutschland Ein neuer Zusammenhalt für unser Land Koalitionsvertrag zwischen CDU, CSU und SPD*. 2018. – URL https://www.cdu.de/system/tdf/media/dokumente/koalitionsvertrag_2018.pdf?file=1. – Zugriffsdatum: 13.02.2018

[Christensen u. a. 2015]   CHRISTENSEN, Clayton M. ; RAYNOR, Michael ; MCDONALD, Rory: What Is Disruptive Innovation? In: *Harvard Business Review* 93 (2015), Nr. December

[Clack u. a. 2016a]   CLACK, Christopher ; A. BAKSHI, Vikram ; BRAINE, Lee: *Smart Contract Templates: Essential requirements and design options*. 2016. – URL https://arxiv.org/pdf/1612.04496. – Zugriffsdatum: 27.03.2018

[Clack u. a. 2016b]   CLACK, Christopher D. ; BAKSHI, Vikram A. ; BRAINE, Lee: *Smart contract templates: Foundations, design landscape and research directions*. 2016. – URL https://arxiv.org/pdf/1608.00771. – Zugriffsdatum: 27.03.2018

[Cormen u. a. 2014]   CORMEN, Thomas H. ; LEISERSON, Charles E. ; RIVEST, Ronald L.: *Introduction to Algorithms*. Cambridge : MIT Press, 2014. – URL http://gbv.eblib.com/patron/FullRecord.aspx?p=3339142. – ISBN 978-0-262-53305-8

[Dai 1998]   DAI, Wei: *b-money*. 1998. – URL http://www.weidai.com/bmoney.txt. – Zugriffsdatum: 27.03.2018

[Delphi Systems 2017]   DELPHI SYSTEMS: *Whitepaper*. 2017. – URL https://delphi.systems/whitepaper.pdf. – Zugriffsdatum: 01.02.2018

[DeTeAssekuranz 2017a] DETEASSEKURANZ: *be relaxed - FAQ und Tipps.* 2017. – URL https://www.be-relaxed.info/faq-und-tipps/. – Zugriffsdatum: 27.03.2018

[DeTeAssekuranz 2017b] DETEASSEKURANZ: *be relaxed - Kosten.* 2017. – URL https://www.be-relaxed.info/kosten/. – Zugriffsdatum: 27.03.2018

[Diedrich 2016] DIEDRICH, Henning: *Ethereum: Blockchains, digital assets, smart contracts, decentralized autonomous organizations.* Preview 3. Lexington, KY : Wildfire Publishing, 2016. – ISBN 9781523930470

[Drescher 2017] DRESCHER, Daniel: *Blockchain basics: A non-technical introduction in 25 steps.* Place of publication not identified : Apress, 2017. – URL http://proquest.tech.safaribooksonline.de/9781484226049. – ISBN 9781484226032

[Eling und Lehmann 2017] ELING, Martin ; LEHMANN, Martin: The Impact of Digitalization on the Insurance Value Chain and the Insurability of Risks. In: *The Geneva Papers on Risk and Insurance - Issues and Practice* 1 (2017), Nr. 3, S. 15. – ISSN 1018-5895

[Ethereum Wiki 2015] ETHEREUM WIKI: *Block Protocol 2.0.* 2015. – URL https://github.com/ethereum/wiki/blob/c02254611f218f43cbb07517ca8e5d00fd6d6d75/Block-Protocol-2.0.md. – Zugriffsdatum: 18.03.2018

[Etherisc Blog 2017] ETHERISC BLOG: *FCA Regulatory Sandbox Picks Etherisc To Test Insurance Products.* 2017. – URL https://blog.etherisc.com/fca-regulatory-sandbox-picks-etherisc-to-test-insurance-products-41fe00570893. – Zugriffsdatum: 27.03.2018

[Europäische Kommission 2014] EUROPÄISCHE KOMMISSION: *SUMMARY - RESPONSES RECEIVED TO THE EUROPEAN COMMISSION'S GREEN PAPER ON THE INSURANCE OF NATURAL AND MAN-MADE DISASTERS.* 2014. – URL http://ec.europa.eu/finance/consultations/2013/disasters-insurance/docs/summary-report_en.pdf. – Zugriffsdatum: 26.11.2017

[Farrell und Klemperer 2007] FARRELL, Joseph ; KLEMPERER, Paul: Chapter 31 Coordination and Lock-In: Competition with Switching Costs and Network Effects. In: *Handbook of Industrial Organization Volume 3* Bd. 3. Elsevier, 2007, S. 1967–2072. – ISBN 9780444824356

[GDV 2012] GDV: *Verhaltensregeln für den Umgang mit personenbezogenen Daten durch die deutsche Versicherungswirtschaft.* 2012. – URL https:

//www.gdv.de/resource/blob/23938/8db1616525e9a97326e2f2303cf42bd5/
download-code-of-conduct-data.pdf. – Zugriffsdatum: 12.02.2018

[GDV 2013] GDV: *Der Datenschutzkodex der deutschen Versicherer.* 2013. – URL http://www.gdv.de/2013/09/
versicherungsunternehmen-treten-datenschutzkodex-bei/. – Zugriffsdatum:
12.02.2018

[GDV 2015a] GDV: *Kapitalanforderungen unter Solvency II.* 2015. – URL https://www.gdv.de/de/themen/news/
saeule-i--kapitalanforderungen-unter-solvency-ii-17224. – Zugriffsdatum:
27.03.2018

[GDV 2015b] GDV: *Vertriebswege von Versicherungen 2015.* 2015. – URL https:
//www.gdv.de/resource/blob/22158/4c9ecaf4e9876be37db8791ec27eef04/
anteile-der-vertriebswege-am-neugeschaeft-in-prozent-929112645-data.
pdf. – Zugriffsdatum: 27.03.2018

[GDV 2016a] GDV: *Ergebnisse der GDV-Erhebung "IT-Kennzahlen 2014
- 2016".* 2016. – URL https://www.gdv.de/resource/blob/9078/
bf65b70cc859769899d2dcf739a7a10f/download--pdf--1305519993-data.pdf.
– Zugriffsdatum: 16.02.2018

[GDV 2016b] GDV: *Stellungnahme des Gesamtverbandes der Deutschen Versicherungswirtschaft zum Referentenentwurf für ein Gesetz zur Anpassung des Datenschutzrechts
an die Verordnung (EU) 2016/679 und zur Umsetzung der Richtlinie (EU) 2016/680
(DatenschutzAnpassungs- und Umsetzungsgesetz EU – DSAnpUG-EU).* 2016. – URL
https://www.gdv.de/resource/blob/5842/94a6021c9fe432a65dcb6fc981093c8a/
zum-datenschutz-anpassungs--und-umsetzungsgesetz-2006110422-data.pdf. –
Zugriffsdatum: 16.03.2018

[GitHub 2018] GITHUB: *Sharding FAQ.* 2018. – URL https://github.com/ethereum/
wiki/wiki/Sharding-FAQ. – Zugriffsdatum: 20.02.2018

[Hill und Westbrook 1997] HILL, Terry ; WESTBROOK, Roy: SWOT analysis: It's time for a
product recall. In: *Long range planning* 30 (1997), Nr. 1, S. 46–52. – ISSN 0024-6301

[Johnson u. a. 2011]   JOHNSON, Gerry ; SCHOLES, Kevan ; WHITTINGTON, Richard: *Strate-gisches Management: Eine Einführung ; Analyse, Entscheidung und Umsetzung.* 9., aktuali-sierte Aufl. [der engl. Orig.-Ausg.]. München : Pearson Studium, 2011 (wi - Wirtschaft). – ISBN 978-3868940565

[Kajanus u. a. 2004]   KAJANUS, Miika ; KANGAS, Jyrki ; KURTTILA, Mikko: The use of value focused thinking and the A'WOT hybrid method in tourism management. In: *Tourism Management* 25 (2004), Nr. 4, S. 499–506. – ISSN 02615177

[Karpischek u. a. 2016]   KARPISCHEK, Stephan ; MUSSENBROCK, Christoph ; BRUKHMAN, Jake ; BERNSTEIN, Ron: *Etherisc Whitepaper 0.3.* 2016. – URL https://etherisc.com/files/Etherisc_Whitepaper_0.3.pdf. – Zugriffsdatum: 24.12.2017

[King 1976]   KING, James C.: Symbolic execution and program testing. In: *Communications of the ACM* 19 (1976), Nr. 7, S. 385–394. – ISSN 00010782

[Kwon 2014]   KWON, Jae: *Tendermint: Consensus without Mining.* 2014. – URL https://tendermint.com/static/docs/tendermint.pdf. – Zugriffsdatum: 29.01.2018

[Lamport u. a. 1982]   LAMPORT, Leslie ; SHOSTAK, Robert ; PEASE, Marshall: The Byzantine Generals Problem. In: *ACM Transactions on Programming Languages and Systems* 4 (1982), Nr. 3, S. 382–401. – ISSN 01640925

[Luu u. a. 2016]   LUU, Loi ; CHU, Duc-Hiep ; OLICKEL, Hrishi ; SAXENA, Prateek ; HOBOR, Aquinas: Making Smart Contracts Smarter. In: WEIPPL, Edgar (Hrsg.): *Proceedings of the 2016 ACM SIGSAC Conference on Computer and Communications Security.* [S.l.] : ACM, 2016, S. 254–269. – ISBN 145034139X

[May und Albers 2008]   MAY, Hermann (Hrsg.) ; ALBERS, Hans-Jürgen (Hrsg.): *Handbuch zur ökonomischen Bildung.* 9., völlig überarb. und aktualisierte Aufl. München : Oldenbourg, 2008. – URL http://dx.doi.org/10.1524/9783486599145. – ISBN 3486587404

[McCallum 2018]   MCCALLUM, Timothy: *First Impressions of Ethereum's Cas-per - Proof of Stake (PoS).* 2018. –   URL https://medium.com/cybermiles/first-impressions-of-ethereums-casper-proof-of-stake-pos-5ce752e4edd9. – Zugriffsdatum: 20.02.2018

[Monax 2017]   MONAX: *Explainer - Legal Engineering.* 2017. – URL https://monax.io/explainers/legal_engineering/. – Zugriffsdatum: 26.03.2018

[Munich Re 2010]   MUNICH RE: *Reinsurance: A Basic Guide to Facultative and Treaty Reinsurance*. 2010. – URL https://www.munichre.com/site/mram/get/documents_ E96160999/mram/assetpool.mr_america/PDFs/3_Publications/reinsurance_ basic_guide.pdf. – Zugriffsdatum: 19.12.2017

[Mussenbrock 2017a]   MUSSENBROCK, Christoph: *Etherisc Whitepaper 1.0*. 2017. – URL https://etherisc.com/whitepaper. – Zugriffsdatum: 24.12.2017

[Mussenbrock 2017b]   MUSSENBROCK, Christoph: *Token Mechanics fpr a Decentralized Insurance Platform*. 2017. – URL https://etherisc.com/files/Token_Mechanics_1. 0.pdf. – Zugriffsdatum: 24.12.2017

[Nakamoto 2008]   NAKAMOTO, Satoshi: *Bitcoin: A Peer-to-Peer Electronic Cash System*. 2008. – URL https://bitcoin.org/bitcoin.pdf. – Zugriffsdatum: 20.01.2018

[Okupski 2014]   OKUPSKI, Krzysztof: *Bitcoin Developer Reference*. 2014. – URL https: //lopp.net/pdf/Bitcoin_Developer_Reference.pdf. – Zugriffsdatum: 24.03.2018

[Pesch und Böhme 2017]   PESCH, Paulina ; BÖHME, Rainer: Datenschutz trotz öffentlicher Blockchain? In: *Datenschutz und Datensicherheit - DuD* 41 (2017), Nr. 2, S. 93–98. – ISSN 1614-0702

[Popper 2016]   POPPER, Nathaniel ; THE NEW YORK TIMES (Hrsg.): *A Hacking of More Than $50 Million Dashes Hopes in the World of Virtual Currency*. 2016. – URL https://www.nytimes.com/2016/06/18/business/dealbook/ hacker-may-have-removed-more-than-50-million-from-experimental-cybercurrency-projec html. – Zugriffsdatum: 23.03.2018

[Porter und Millar 1985]   PORTER, Michael E. ; MILLAR, Victor E.: How information gives you competitive advantage. In: *Harvard Business Review* (1985), Nr. 07

[Rahlfs und Döring 2007]   RAHLFS, Carsten ; DÖRING, Ulrich: *Redefinition der Wertschöpfungskette von Versicherungsunternehmen*. 1. Aufl. s.l. : DUV Deutscher Universitäts-Verlag, 2007. – URL http://dx.doi.org/10.1007/978-3-8350-9400-0. – ISBN 978-3-8350-9400-0

[Reitwiessner 2017]   REITWIESSNER, Christian: *An Update on Integrating Zcash on Ethereum (ZoE)*. 2017. – URL https://blog.ethereum.org/2017/01/19/ update-integrating-zcash-ethereum/. – Zugriffsdatum: 27.03.2018

[Rogaway und Shrimpton 2004]   ROGAWAY, Phillip ; SHRIMPTON, Thomas: Cryptographic Hash-Function Basics: Definitions, Implications, and Separations for Preimage Resistance, Second-Preimage Resistance, and Collision Resistance. In: ROY, Bimal (Hrsg.) ; MEIER, Willi (Hrsg.): *Fast Software Encryption*. Berlin, Heidelberg : Springer Berlin Heidelberg, 2004, S. 371–388. – ISBN 978-3-540-25937-4

[Szabo 1994]   SZABO, Nick: *Smart Contracts*.   1994. –   URL http://www.fon.hum.uva.nl/rob/Courses/InformationInSpeech/CDROM/Literature/LOTwinterschool2006/szabo.best.vwh.net/smart.contracts.html. – Zugriffsdatum: 27.03.2018

[Szabo 1997]   SZABO, Nick: *Contracts with Bearer*.   1997. –   URL http://nakamotoinstitute.org/contracts-with-bearer/. – Zugriffsdatum: 27.03.2018

[Tanenbaum und Wetherall 2011]   TANENBAUM, Andrew S. ; WETHERALL, David: *Computer networks*. 5. ed., internat. ed.   Boston, Mass. : Pearson, 2011 (Safari Tech Books Online). – URL http://proquest.safaribooksonline.com/9780133485936. – ISBN 9780132126953

[Thiele 2018]   THIELE, Carl-Ludwig ; FRANKFURTER ALLGEMEINE SONNTAGSZEITUNG (Hrsg.): *Finger weg von Bitcoin!* 2018. – URL http://www.faz.net/aktuell/finanzen/bundesbank-vorstand-thiele-warnt-vor-bitcoin-15431014.html. – Zugriffsdatum: 06.02.2018

[Vo u. a. 2017]   VO, Hoang T. ; MEHEDY, Lenin ; MOHANIA, Mukesh ; ABEBE, Ermyas: Blockchain-based Data Management and Analytics for Micro-insurance Applications. In: LIM, Ee-Peng (Hrsg.) ; AGRAWAL, Rakesh (Hrsg.) ; ZHENG, Yu (Hrsg.) ; CASTILLO, Carlos (Hrsg.) ; SUN, Aixin (Hrsg.) ; TSENG, Vincent S. (Hrsg.) ; LI, Chenliang (Hrsg.) ; WINSLETT, Marianne (Hrsg.) ; SANDERSON, Mark (Hrsg.) ; FU, Ada (Hrsg.) ; SUN, Jimeng (Hrsg.) ; CULPEPPER, Shane (Hrsg.) ; LO, Eric (Hrsg.) ; HO, Joyce (Hrsg.) ; DONATO, Debora (Hrsg.): *Proceedings of the 2017 ACM on Conference on Information and Knowledge Management - CIKM '17*. New York, New York, USA : ACM Press, 2017, S. 2539–2542. – ISBN 9781450349185

[Wheelen u. a. 2015]   WHEELEN, Thomas L. ; HUNGER, J. D. ; HOFFMAN, Alan N. ; BAMFORD, Charles E.: *Strategic management and business policy: Globalization, innovation, and*

Listing 106

sustainability. Fourteenth edition, global edition. Harlow : Pearson Education, 2015. – ISBN 978-1292060811

[WOOD 2014]   WOOD, GAVIN: *Ethereum: A Secure Decentralised Generalised Transaction Ledger: EIP-150 Revision*. 2014. – URL http://www.cryptopapers.net/papers/ethereum-yellowpaper.pdf. – Zugriffsdatum: 27.03.2018

[Wüst und Gervais 2017]   WÜST, Karl ; GERVAIS, Arthur: Do you need a Blockchain? In: *IACR Cryptology ePrint Archive* (2017), Nr. 375

[Zhang u. a. 2016]   ZHANG, Fan ; CECCHETTI, Ethan ; CROMAN, Kyle ; JUELS, Ari ; SHI, Elaine: Town Crier. In: KATZENBEISSER, Stefan (Hrsg.) ; WEIPPL, Edgar (Hrsg.): *Proceedings of the 2016 ACM SIGSAC Conference on Computer and Communications Security*. New York, NY : Association for Computing Machinery, 2016, S. 270–282. – ISBN 9781450341394

Quellcodeverzeichnis